Couverture inférieure manquante

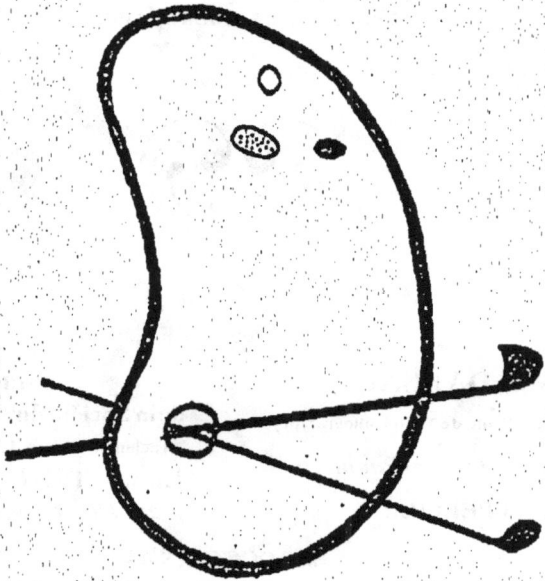

DÉBUT D'UNE SÉRIE DE DOCUMENTS
EN COULEUR

UNIVERSITÉ DE MONTPELLIER

FACULTÉ DES LETTRES

ÉTUDE BIBLIOGRAPHIQUE

DES

SOURCES DE LA PSYCHOLOGIE ECONOMIQUE

CHEZ

LES ANGLO - AMÉRICAINS

THÈSE POUR LE DOCTORAT ÈS LETTRES

Soutenue devant la Faculté des Lettres de Montpellier

PAR

Maurice ROCHE - AGUSSOL

DOCTEUR EN DROIT (SCIENCES JURIDIQUES)

DOCTEUR ÈS SCIENCES ÉCONOMIQUES ET POLITIQUES

AVOC... À LA COUR D'APPEL

R.-V. DARSAC

Éditeur-Imprimeur (École de Typo-Lithographie)

Boulevard du Jeu-de-Paume, 9

MONTPELLIER

LIBRAIRIE

de la Société du "RECUEIL SIREY"

Ancienne Maison LAROSE & FORCEL

LÉON TENIN, DIRECTEUR

22, Rue Soufflot, PARIS (5ᵉ)

MDCCCCXIX

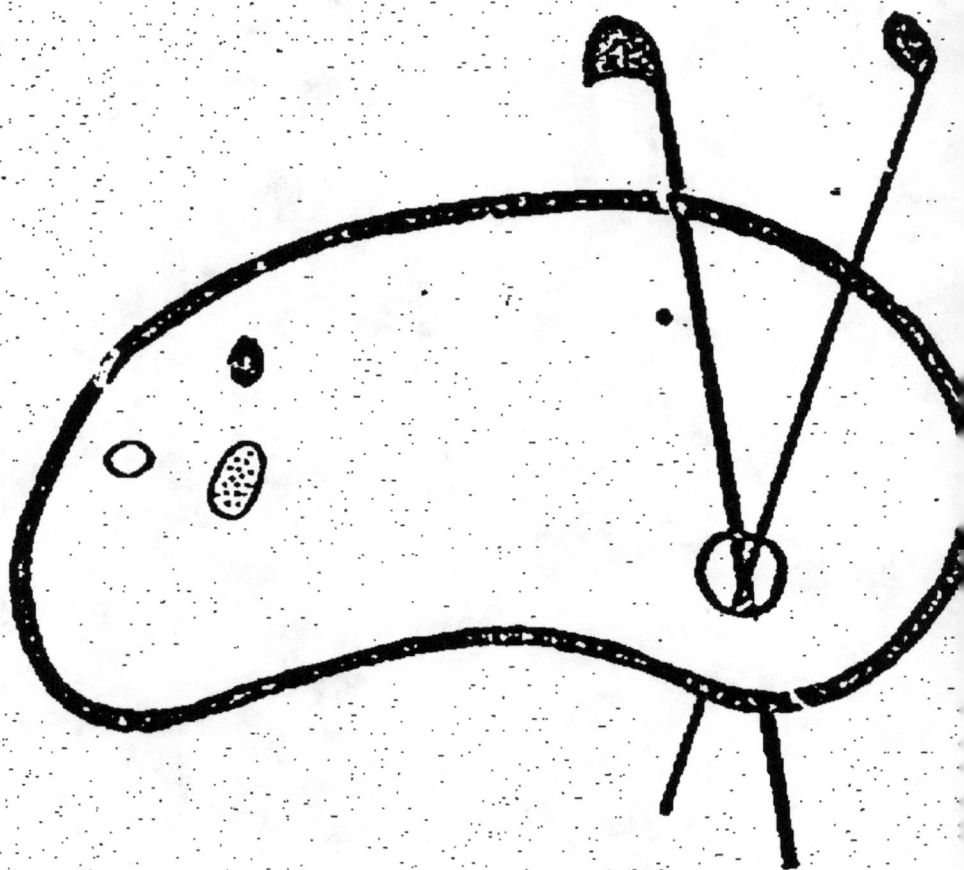

FIN D'UNE SERIE DE DOCUMENTS
EN COULEUR

UNIVERSITÉ DE MONTPELLIER

FACULTÉ DES LETTRES

ÉTUDE BIBLIOGRAPHIQUE

DES

SOURCES DE LA PSYCHOLOGIE ÉCONOMIQUE

CHEZ

LES ANGLO-AMÉRICAINS

THÈSE POUR LE DOCTORAT ÈS LETTRES

Soutenue devant la Faculté des Lettres de Montpellier

PAR

Maurice ROCHE-AGUSSOL

DOCTEUR EN DROIT (SCIENCES JURIDIQUES)
DOCTEUR ÈS SCIENCES ÉCONOMIQUES ET POLITIQUES

AVOCAT A LA COUR D'APPEL

R.-V. DARSAC

Éditeur-Imprimeur (École de Typo-Lithographie)

Boulevard du Jeu-de-Paume, 9

MONTPELLIER

LIBRAIRIE
de la Société du "RECUEIL SIREY"

Ancienne Maison LAROSE & FORCEL

LÉON TENIN, DIRECTEUR

22, Rue Soufflot, PARIS (5ᵉ)

MDCCCCXIX

Avant-Propos

———— ·O· ————

Il a paru utile de compléter l'étude d'ensemble entreprise sur l'économie psychologique chez les Anglo-Américains, par une analyse de ses principales sources.

L'objet de ce travail est donc d'étudier directement les plus importants des ouvrages par lesquels s'est affirmée, chez les anglo-américains, la conception psychologique des faits économiques, d'atteindre ainsi, dans leurs caractères propres, les idées essentielles des divers auteurs associés à ce mouvement, de montrer comment ces idées s'incorporent à l'œuvre collective.

Pour donner à cette étude une base d'informations précises, nous nous sommes adressés à la plupart des auteurs qui en font l'objet. Nous tenons à les remercier de l'aide si précieuse qu'ils ont bien voulu nous accorder dans cette contribution à l'histoire d'un mouvement fortement rattaché à la pensée française par ses origines premières, ses tendances caractéristiques, et qui a pris, dans les pays de langue anglaise, un si large développement.

CHAPITRE PREMIER

Sources américaines (psychologiques)

On étudiera successivement les sources américaines (qui fournissent aux théories psycho-économiques la contribution actuelle la plus importante) et les sources anglaises. Les sources américaines peuvent être divisées en deux catégories : sources psychologiques et économiques. Les premières seront envisagées surtout à titre d'introduction : on recherchera les concordances de directions qui, aux États-Unis, se sont accusées entre la pensée psychologique et la pensée économique, concordances dues parfois à des influences réciproques, mais plus souvent à une pénétration commune, par des idées maitresses analogues.

Parmi les causes qui ont accentué cette harmonie de tendances entre la pensée psychologique et la pensée économique, on peut mentionner l'organisation universitaire américaine, qui place l'enseignement de l'économie politique et celui des sciences philosophiques proprement dites dans une même Faculté (Faculté des Arts et Sciences).

Les tendances caractéristiques de la plupart des économistes américains: affirmation des droits de la théorie pure, explication des faits par leur dépendance à l'égard de la vie intérieure, ont pu être considérées dans une certaine mesure comme une réaction contre le milieu économique proprement dit, comme une défense opposée plus énergiquement que partout ailleurs, à l'envahissement de l'économie politique par les problèmes purement pratiques. Ces mêmes tendances peuvent être considérées comme un témoignage de solidarité entre les milieux intellectuels, comme une affirmation d'unité de la pensée américaine.

En suivant l'ordre de leurs rapports de plus en plus directs avec le mouvement économique, on étudiera successivement l'œuvre psychologique de William James qui, si elle ne se rattache pas à ce mouvement par des liens tout à fait directs, ne l'a point laissé en dehors de l'action si considérable qu'elle devait exercer aux États-Unis — les idées psychologiques de Dewey dont les applications pédagogiques, sont susceptibles d'être, dans leurs parties essentielles, transposées au domaine économique, — l'œuvre psychosociologique de Baldwin, dont on peut extraire les lignes générales d'une psychologie économique. Une recherche analogue

DEBUT DE PAGINATION

sera faite à travers l'œuvre de Giddings : œuvre sociologique, directement économique aussi dans certaines de ses parties, rattachée par ses tendances essentielles à la notion de psychologie sociale, pouvant par suite servir de transition entre les sources psychologiques et économiques qui se partagent cette étude.

I. — William James (1). — The Principles of Psychology

Macmillan, Londres et New-York, 1890, 2 volumes)

Entre la Psychologie de William James, et l'économie psychologique américaine, la concordance de directions la plus importante peut-être, consiste dans une réaction commune contre la théorie associationniste (2) (qui avait, dans une assez large mesure suggéré, appuyé les prémisses psychologiques de l'économie traditionnelle), dans une affirmation de l'unité dynamique de la conscience. « La conscience ne s'apparaît pas à elle-même comme découpée en morceaux. Des mots tels que « chaîne » ou « suite » ne la décrivent pas exactement telle qu'elle se présente à l'expérience primitive. Elle n'est pas un ensemble fait de parties réunies entre elles ; elle coule. Une rivière ou un courant, telles sont les métaphores au moyen desquelles on peut la décrire le plus naturellement ; nous l'appellerons désormais, le courant de la pensée ou de la conscience ou de la vie subjective». **Principles** t. I. ch. IX the stream of thought p. 239.

La notion centrale du **stream of consciousness** se retrouvera intacte dans la définition du revenu psychique chez Fisher : « Nous définissons le revenu subjectif comme le courant de conscience de tout être humain. Toute sa vie consciente, de sa naissance à sa mort, constitue son revenu subjectif. Sensations, pensées, sentiments, volitions, événements psychiques de tous genres font partie de ce courant de revenu ». **The Nature of Capital and Income,** ch. X, Psychic Income, p. 168).

La conception dynamique de la richesse se trouve ainsi confirmée par le dynamisme psychologique, la notion de base de la spéculation économique participe du mouvement et de l'unité de la vie intérieure (3).

D'une façon plus générale, on peut considérer que la réaction

(1) V. notice biographique et bibliographique ds Boutroux : *William James*. (Paris 1911).

(2) V. notamment Principles t. I., ch. I, VI et IX.

(3) En signalant cette concordance importante entre la théorie économique de Fisher et la conception psychologique de base de William James, on doit mentionner que l'influence directe attribuée par Fisher aux théories de William James sur le développement général de sa pensée est très limitée v. *infra*, ch. II, n° VII.

exercée par William James contre le morcellement de l'activité psychique, sert de soutien aux directions essentielles de l'économie psychologique ; le cantonnement de la vie économique dans un cercle étroit de mobiles, la désintégration du caractère implicitement consacrées par l'économie classique, lui apparaissent comme particulièrement inacceptables, le caractère tout à la fois universel et subordonné de l'activité économique, la variété et la profondeur de ses répercussions, mais aussi son absence de signification indépendante se trouvent ainsi pleinement mis en lumière.

L'allure essentiellement dynamique de la théorie de William James, l'amène à mettre au premier plan le caractère sélectif de l'activité psychique (1) ; les actes humains sont mus, non comme les choses inanimées, par une **vis a tergo,** mais par une **vis a fronte** (2).

L'économie psychologique anglo-américaine a eu, elle aussi pour caractéristique de souligner l'importance de la théorie du choix, placée au centre de la théorie de la valeur ; la valeur dépend, non comme dans l'ancienne théorie du coût, de la pression objective des moyens, mais de la hiérarchie des fins, de l'énergie du lien qui unit un moyen à une fin désirée (3). D'une façon plus générale, elle a considéré que l'activité humaine va dans le sens non de la pression extérieure la plus forte, mais de l'espoir le plus énergique.

Une autre concordance importante à signaler entre les directions respectives de la théorie de William James et de l'économie psychologique anglo-américaine consiste dans leur réaction commune contre l'importance excessive attribuée parfois aux mobiles hédonistiques. William James s'est attaché à démontrer qu'un grand nombre d'actes n'ont pas pour mobile la recherche du plaisir ou la fuite de la douleur : le plaisir résulte normalement de l'achèvement d'un acte, de la réalisation d'un but : l'arrêt d'une action déjà commencée ou même simplement décidée, est une cause de douleur, mais l'accomplissement d'un acte n'a pas pour but nécessaire d'obtenir le plaisir du succès ou d'éviter la douleur de l'échec. On ne doit pas confondre le plaisir résultat et le plaisir but (3). Le seul terme vraiment universel pour exprimer le caractère attractif

(1) *Principles* T. I ch. II, The Functions of the Brain ; la conscience est avant tout « a selecting agency » (*op. cit.* T. I. ch. V, the Automaton-Theory p. 139).

(2) *op. cit* T. I, The Scope of Psychology, (p 78(.

(3) C'est ainsi que Clark (*Distribution of Wealth*) considère la valeur comme pouvant être mesurée, non par le travail dépensé pour la production d'une richesse, mais par le travail que la perspective de la possession de cette richesse est capable de stimuler. ch XXIV, p. 397.

(3) *Principles* T. II ch. XXVI, p. 549-59 ; on ne doit pas confondre un acte qui donne du plaisir et un acte inspiré par la recherche du plaisir p. 559). Le plaisir et la douleur ne sont pas des mobiles exclusifs ; en même temps qu'eux, beaucoup d'autres objets ont le même pouvoir impulsif ou prohibitif (p. 558).

d'un but, est celui d'intérêt, entendu très largement, rapproché de l'idée d'attention (1).

L'économie psychologique, avec Fisher notamment (2), a réalisé un effort important pour se dégager des liens qui avaient existé entre la théorie économique traditionnelle et la morale hédonistique, l'arithmétique des plaisirs. La notion de désir a été de plus en plus substituée à celle de plaisir, l'importance des désirs d'un ordre moral élevé (considérés par la théorie économique traditionnelle comme des éléments perturbateurs) se trouvant reconnue dans toute son étendue réelle (3).

Il y a donc sur des points importants, concordance d'idées entre la pensée de William James et l'économie psychologique anglo-américaine ; on peut, en terminant, rattacher ces concordances à une préoccupation fondamentale commune : William James a voulu protéger l'idée psychologique contre les sujétions, les confusions objectives ; il a montré la nécessité de ne pas identifier les rapports qui existent entre les choses et ceux qui unissent les éléments psychiques (**Principles** T. I. ch. IX p. 239). De même, l'économie psychologique s'est efforcée de diminuer l'emprise matérielle sur les concepts économiques, d'envisager les richesses non dans leur diversité matérielle, dans leur discontinuité, mais dans leur fin, dans leur rapport avec le flux continu de l'activité mentale, c'est ainsi qu'à la notion de **wealth fund** s'est substituée de plus en plus celle de **wealth flow** (4).

On pourrait indiquer aussi les liens qui existent entre la notion de base de l'économie psychologique et la théorie pragmatique, ce point sera examiné à l'occasion des théories de Dewey, dont le pragmatisme a un caractère économique, plus accentué peut-être que celui de William James.

(1) *op. cit.* p. 557-9.

(2) *The Nature of Capital and Income*, p. 168 ; le revenu subjectif ne consiste pas en une série de plaisirs (diminués par les peines) mais d'évènements subjectifs désirables ou non désirables.

(3) Clark Philosophy of Wealth (ch. III, p. 44-5.)

(4) Cette conception de la *wealth flow* a été particulièrement développée dans la théorie du revenu de Fisher (v. *infra*, ch. II, n° VII. p. 151-6; elle se trouve énoncée, avec plus ou moins de développement chez plusieurs autres auteurs et notamment chez Marshall et Taussig (ce dernier déclare avoir subi, d'une manière générale l'influence directe de la pensée de William James, v. *infra*, ch. II n° V

II. — John Dewey (1).

L'Ecole et l'Enfant

(Traduction Pidoux. Introduction de Claparède, Neuchâtel, Dela-
chaux et Niestlé. Paris Fischbacher 1913).

La psychologie pédagogique de Dewey peut-être rapprochée de
l'économie psychologique anglo-américaine par sa conception générale de l'action, sa théorie « instrumentale ». La discipline pratique
(comme d'ailleurs la discipline de la connaissance) est de source
essentiellement intérieure. De même que la vérité d'une conception
se mesure par son efficacité (2), l'intérêt vraiment profond, légitime d'un acte, consiste dans sa correspondance avec un désir, sa
valeur résulte du sentiment de cet intérêt, elle peut être mesurée
par l'efficacité de l'acte comme moyen de réalisation plus complète
de l'être moral. (3).

L'économie psychologique rattache elle aussi la valeur à une
notion dynamique dont le critérium de vérité n'est pas dans l'expression stable d'un rapport simple (comme l'était à certains égards la
valeur normale de l'économie classique) mais dans la réalisation
d'une formule mouvante d'adaptation permettant, à travers une
série de situations, la réalisation la plus complète des désirs les
plus urgents.

Le pragmatisme instrumental de Dewey doit encore être ap-
proché de l'économie psychologique dans son attitude à l'égard des
théories hédonistiques et utilitaires : la notion vulgaire d'intérêt
personnel a rétréci la notion d'intérêt qui doit signifier avant tout
instrument d'union organique entre la conscience et les éléments
extérieurs, objets ou résultats de son activité (4). Quant au mobile
hédonistique proprement dit, son action n'est légitime qu'à la con-

(1) V. notice bio-bibliographie dans Introduction de Claparède à
l'édition française de l'Ecole et l'Enfant et notice bibliographique dans
Henri Robet : l'Ecole de Chicago et l'Instrumentalisme, revue de Métaphysique et de Morale 1913, p. 537-75.
(2) V. Introduction de Claparède sur la Pédagogie de Dewey, p. VIII-
X : La marque de la vérité ne sera pas l'appréhension de quelque
réalité absolue, mais simplement le succès des démarches de notre
intelligence aux prises avec les choses. (The psychological Standpoint
(Mind, 1886). — Psychology and Philosophy, Method (ibid) — Some Sta-
ges of logical Thought (Philosophical review 1900), cités par Claparède, (op. cit).
(3) v. l'Ecole et l'Enfant. I, Intérêt et effort, p. 3-8 : le vrai principe
de l'intérêt consiste dans la correspondance d'un fait ou d'une action
avec un appétit du moi : II, Psychologie de l'Intérêt, p. 16-18 : l'intérêt
est d'abord une forme d'activité ou d'évolution, du moi qui met en
œuvre des tendances latentes ; là où est l'intérêt est aussi le sentiment
de la valeur.
(4) l'Ecole et l'Enfant, II, p. 12-15.

dition d'être accessoire. Il y a deux plaisirs, celui qui résulte de l'exercice d'une activité déployée selon ses propres tendances et peut être utilisable comme instrument d'un intérêt légitime et le plaisir-fin, celui qui prétend entraîner l'action vers la simple réalisation d'un état agréable et ne peut avoir qu'un rôle de désorganisation psychique (1).

Quant à la notion même d'intérêt chez Dewey ramenée comme on l'a vu à l'idée de projection, de présence effective de la conscience parmi les objets et les résultats de son activité, elle accuse des affinités importantes de tendances avec la théorie psychologique de la valeur ; la notion de valeur économique dégagée du concept étroit, empirique de l'économie traditionnelle a justement pour but d'exprimer le degré d'incorporation d'intérêt humain à une richesse, à un service, l'énergie d'intérêt médiat qu'un idéal poursuivi communique à l'ensemble des conditions susceptibles d'assurer sa réalisation (2).

Au lieu d'apparaître comme bornés dans leur signification, les jugements de valeur économique ont été ainsi réintégrés dans la catégorie générale des jugements de valeur, rattachés à la notion d'intérêt médiat, qui se trouve analysée chez Dewey dans les termes qu'il importe de rappeler (3). L'intérêt médiat, celui qui implique une activité déployée non directement pour son propre compte, mais pour la réalisation d'un but éloigné, s'exprime par les deux termes corrélatifs et non opposés de désir et d'effort : la tension effort est suscitée quand nous voyons la nécessité de transformer un état de choses pour le rendre conforme à notre idéal, la tension désir se manifeste quand nous pensons aux énergies intérieures qui exigent cette réalisation. L'effort différencie le désir des vagues aspirations, le désir s'éveille au coup de cloche de l'effort (4).

La théorie psychologique de la valeur se caractérise elle aussi par un essai de synthèse entre les notions de coût et d'utilité, de mesure du désir par l'effort; autant qu'à la notion d'utilité elle se rattache à la notion de coût psychique, vivant, considère sous un aspect intérieur, dynamique, l'adaptation de l'utilité et du coût que l'ancienne théorie supposait implicitement réalisée. Cet ordre d'idées met en lumière une tendance encore plus fondamentale de l'économie psychologique : celle qui consiste à apprécier l'importance des désirs, non d'après le nombre d'individus qui les éprou-

(1) V. Op. cit. I. p. 8-12 ; II p. 29-31, 38 : c. pr. sur le rôle normal du plaisir et de la douleur dans l'action, Cours de M. le Professeur Foucault, à l'Université de Montpellier en 1913-14 sur la Psychologie des Sentiments, (cité avec l'autorisation de l'auteur).

(4) *L'Ecole et l'Enfant*, II, p. 12-15.

(3) v. *L'Ecole et l'Enfant* II p. 23-25.

(4) v. *L'Ecole et l'Enfant*, II, p. 25.

vent à des degrés divers, mais d'après leur énergie efficace ; ce
point sera indiqué plus complètement à l'occasion des rapports de
la psychologie économique avec la théorie psychosociologique de
Baldwin.

III. — Baldwin (James Mark) (1)

Interprétation sociale et morale des Principes du Développement mental

Etude de psychosociologie (traduction Duprat sur la 2ᵉ édition
Paris Giard et Brière, 1889 (VI-580). Bibliothèque sociologique internationale, XVIII.

Psychologie et Sociologie (L'individu et la Société, trad. Pierre
Combret de Lanux, Paris, Giard et Brière 1910.

La logique de l'Action, Revue de Métaphysique et de Morale,
1910, pp. 441-57, 776-94.

La psychologie économique n'a qu'une place relativement réduite
dans l'œuvre de Baldwin ; l'auteur n'attribue pas, dans l'ensemble
de la vie sociale (au point de vue où il l'examine), une importance
essentielle aux institutions économiques proprement dites ; ces
institutions ne sont pas nécessaires à l'existence d'une société,
leur développement, leur utilité ont pour condiion une vie sociale

(1) M. le Professeur Baldwin (né à Columbia, Etats-Unis en 1861),
Docteur en Pilosophie de l'Université Princeton, Docteur ès-sciences
(honoris causa) des Universités d'Oxford et de Genève, Docteur en
Droit de l'Université de Glasgow, a été successivement Professeur de
Philosophie à l'Université de Toronto (Canada), de Psychologie à l'Université Princeton, de Sciences sociales à Mexico ; fixé ensuite à Paris,
il a continué son œuvre d'enseignement sous la forme de conférences
dans les universités françaises et, en 1916, à Oxford (fondation Herbert Spencer).
Correspondant de l'Institut de France, ancien président du Congrès
international de Psychologie 1909-13 : vice-président de l'Institut international de Sociologie, le Professeur Baldwin a, en dehors des travaux
qui seront spécialement étudiés, publié les ouvrages dont l'énumération
suit : *Handbook of Psychology* (2 vol. 1891-92) : — *Elements of Psychology* (1893) : — *Mental Development in the Child and the Race* (1895),
traduit en français) ; — *Story of the Mind* (1901) ; — *Fragments in
Philosophy and Science* (1902) ; — *Thought and Things or genetic
Logic* (3 vol. 1906-1911, dont le premier a paru en français sous le titre
de « Logique fonctionnelle ») : — *Darwin and the Humanities* (1910,
traduit en français) : — *Genetic Theory of Reality* (1915, traduit en
français) : — *La France et la Guerre* (1915): — *Le Sur-Etat et les
Valeurs éternelles* (conférences d'Oxford 1916); — *La Neutralité américaine, sa cause et son remède* (1916), Fondateur (en 1893) de la *Psychological Review*, (qu'il a dirigée jusqu'en 1909) le Professeur Baldwin a
également dirigé la publication du *Dictionary of Philosophy and Psychology* (4 vol. 1901-5).

déjà parvenue à un certain degré de puissance et de complexité. (**Psychologie et Sociologie**, ch .IV, p. 74-5).

Les points de contact les plus intéressants qui existent entre la pensée de Baldwin et l'économie psychologique, doivent être cherchés dans les principes mêmes de sa théorie générale psycho-sociologique. La conception essentiellement morale de la société (1); la notion du lien interpsychique « circulaire » (2) ; se rapprochant par sa forme, du rapport mathématique fonctionnel); le lien social ramené à l'émotion sympathique (3) ; la notion de personnalité expliquée par la collaboration active, incessante de la conscience individuelle et de la conscience sociale (4), sont autant d'idées particulièrement propres à appuyer le principe même de l'économie psychologique, qui a pour caractère essentiel d'expliquer les évaluations collectives par l'interpénétration des jugements individuels.

D'ailleurs, il est possible, en réunissant diverses réflexions éparses dans l'œuvre psychosociologique de Baldwin de voir comment cet auteur a lui-même envisagé l'application aux faits économiques des principes directeurs de sa théorie d'ensemble. Ainsi on peut considérer comme un prolongement direct de sa théorie inter-psychologique, l'opinion d'ensemble qu'il émet sur le collectivisme et l'individualisme anarchique, critiqués l'un et l'autre comme violant la même loi d'interaction vivante entre l'activité individuelle et l'activité collective (5).

Quant à la conception même des faits économiques, elle doit être rectifiée, élargie par une étude plus profonde des notions d'intérêt, de désir. La notion fonctionnelle, dynamique (6) d'intérêt ne doit pas être enfermée dans un cercle restreint de mobiles, mais rapprochée de l'idée de désir, l'intérêt d'un homme peut être considéré comme signifiant d'une manière générale ce qu'il désire (7). Il est essentiel au progrès des théories économiques, d'étudier les désirs dans leur profondeur et dans leur solidarité. L'auteur rap-

---

(1) V. notamment *Interprétation du développement mental*, traduction française (ch. XV, p. 537-9).
(2) V. notamment *op cit* ch. I, p. 22, ch. XV, p. 538, n° IV).
(3) Développement mental, Préface : « Le sentiment social est l'émotion sympathique en tant qu'elle s'attache à l'homme en général» (p. VI).
(4) v. notamment op. cit, ch. I, p. 7-9: succession des trois stades projectif, subjectif, éjectif (rappelée dans Logique de l'action, Revue de Métaphysique et de Morale 1910, p. 782-4).
(5) v. *Psychologie et Sociologie*. p. 96 : Un collectivisme pur ne serait pas progressif, car les facultés d'invention et de création lui feraient défaut, les pensées, les idées, les plans. L'individualisme pur ne pourrait pas être progressif, car il tendrait à dissoudre les résultats acquis de l'histoire sociale, et à laisser l'atome humain isolé et anti-social.
(6) v. notamment pour l'exposé de la théorie dynamique de l'intérêt et de son rôle dans la connaissance : *Logique de l'Action* (Revue de Métaphysique et de Morale 1910 p. 444-8).
(7) v. *Développement mental* ch. I, p. 15).

pelle à ce sujet, la pauvreté des théories politiques, économiques qui traitent le désir comme une quantité constante, susceptible

La signification psychologique et économique d'un désir consiste d'être multipliée par le nombre des individus (1) dans son énergie ; envisagé comme une simple opinion, abstraction faite du sacrifice qu'il est capable de stimuler, le désir se réduirait à cet élément inefficace, indéterminé que l'ancienne théorie de la valeur avait eu en vue, quand elle avait cru nécessaire de se rattacher exclusivement à la notion de coût objectif. D'ailleurs, l'énergie du désir ne peut être utilement étudiée que si l'on envisage les désirs dans leurs réactions réciproques, dans leur milieu intérieur. La notion de personnalité a été relativement négligée par les sciences sociales, trop disposées à prendre les désirs et les croyances comme des éléments derniers, isolés de leur milieu psychique, de la conscience qui s'exprime en eux (2). Les désirs doivent également être étudiés dans leurs rapports avec le milieu social ; c'est seulement quand on les envisage sous cet aspect qu'ils prennent une certaine consistance, et peuvent se prêter à une étude quantitative (3).

La nécessité d'une étude concrète des désirs envisagés dans leur énergie organique en quelque sorte, a pour résultat de mettre en lumière l'intégration de l'activité économique dans l'ensemble de l'activité humaine : le mobile économique, modifié par le caractère individuel varie de l'égoïsme aux préoccupations humaines les plus hautes (4). La théorie de l'isolement des mobiles économiques de l'indifférence de l'action économique, de son impénétrabilité à l'égard des influences de la vie morale est contraire à la loi normale du développement mental. Les exemples par lesquels on essaie parfois de justifier cette théorie, prouvent seulement qu'à certains égards l'organisation industrielle de la société porte l'empreinte d'un sens moral inférieur au sens moral moyen actuel des individus (5).

(1) v. *Développement mental*, p. 14 et ch. IX, p 384, application de cette critique générale à la formule traditionnelle de la loi de l'offre et de la demande.

(2) v. *Développement mental*, ch. I, p. 14 et ch. IX. p. 391 : « La valeur vient seulement de l'introduction de la notion du moi, et elle se mesure par le degré d'adaptation possible des connaissances nouvelles aux désirs ».

(3) v. *Développement mental*, ch. I, p. 26 : «Si on peut chercher dans l'individu l'unité de mesure du désir, c'est dans sa conduite relativement fixe, considérée comme reflétant son interprétation des modes courants de la vie sociale ».

(4) *Psychologie et Sociologie*, ch. III, p. 68 ; — c'est ainsi que s'explique, dans l'économie industrielle, le développement de cet ensemble d'institutions connues sous la dénomination d'économie sociale (*op. cit*, p. 68).

(5) *Développement mental*, ch. XIV p. 525-6, et ch. XV, p. 538.

Ainsi envisagée dans ses principes directeurs et dans quelques-
unes de ses applications, la théorie psychosociologique de Baldwin
suggère une interprétation des faits économiques intéressante à
rapprocher de celle qui a été développée par l'économie psychologique. L'une et l'autre interprétation acousent, dans l'ensemble
les mêmes tendances, la même direction intérieure, personnelle,
collective (ces deux derniers termes loin de se contredire, s'impliquant l'un l'autre).

On peut noter en terminant que sous certains rapports les tendances générales dont l'économie psychologique s'est inspirée, se
retrouvent plus accentuées encore, dans la théorie de Baldwin :
c'est ainsi que l'auteur de l'**Interprétation du Développement mental** propose, pour mieux marquer les directions nouvelles des
sciences sociales, l'abandon des termes tels que : statique, dynamique, équilibre, etc., qui rappellent l'ancienne interprétation mécanique et physique des faits sociaux et leur remplacement par des
termes tels que : organisation, progrès, idéal, processus, exprimant avec netteté le rattachement de la vie sociale à l'activité de
l'esprit (v. **Psychologie et Sociologie** ch. V. p. 113).

IV. — Giddings (Franklin H.) (1).

Principes de Sociologie, (trad. Combes de Lestrade, XI-360 p.)
Paris, Giard et Brière 1897. (Bibliothèque sociologique internationale, VII.)

**The modern Distributive Process (Studies of competition and
its limits, of the Nature and Amount of Profits, and of the determination of Wages, in the industrial Society of to-day.**

(En collaboration avec John B. Clark, Boston Ginn and Com-
pany 1888) (VIII, 69 p.).

(1) M. Giddings, Professeur à Columbia University a eu un rôle important dans l'orientation de la pensée économique américaine. Son
action, jointe à celles de Clark et de Patten, s'est exercée spécialement
dans le groupe de l'*American Economic Association* (vers 1885) ; ces
trois influences sont au nombre de celles qui ont le plus contribué à
diriger dans le sens de l'interprétation psychologique une école d'économistes que leurs tendances premières inclinaient vers l'historisme
(v. Patten *The Reconstruction of économic Theory*, Annals of American
Academy of political et social Science, novembre 1912, p. 2); — l'influence de Giddings sur le développement de la pensée économique de
Clark notamment se trouve indiquée par ce dernier dans la Préface
de *Distribution of Wealth.* p. IX. La théorie sociologique d'ensemble
de Giddings a été étudiée dans la *Psychologie sociale* de Tarde (Paris
1898); — v. critique de l'idée fondamentale de cette théorie dans Baldwin, *Interprétation du Développement mental* Préface, p. V-VI.

The Growth of Capital and the Cause of Interest (Quarterly Journal of Economics, vol. V 1890-91, p. 242-8).

Les rapports existant entre l'œuvre de Giddings et l'économie psychologique se manifestent à la fois dans les **Principes de Sociologie** (fondés avant tout sur une théorie de psychologie sociale) et dans divers ouvrages économiques.

Parmi les idées que Giddings, dans ses **Principes de Sociologie** s'efforce le plus de mettre en lumière, on doit noter la corrélation établie entre la réforme psychologique de la science économique et l'évolution d'ensemble des sciences sociales. La réforme économique entreprise par Cournot, Jevons, Walras, continuée par les Autrichiens et les Américains, a constitué un exemple utile, non seulement par son allure scientifique générale, par la cohésion de sa méthode (1), mais surtout par sa direction ; elle a rectifiée l'interprétation objective antérieure (qui plaçait au premier plan la production matérielle des richesses) montré que les désirs sont les véritables moteurs du monde économique, souligné par suite l'importance essentielle de l'étude des motifs, de l'analyse des choix (2).

L'homo œconomicus de la tradition ricardienne doit comme l'homme naturel de Hobbes, être remplacé par la notion réaliste de l'homme social (3). L'idée centrale de la sociologie de Giddings est en effet que l'interprétation objective et l'interprétation subjective des faits sociaux doivent être constamment combinées l'une avec l'autre, mais dans des proportions qui, selon l'ordre normal de développement des sociétés varient au profit de l'interprétation subjective. A mesure qu'une société se perfectionne, elle tend à devenir dans une mesure de plus en plus complète, une organisation, c'est-à-dire : « une somme de rapports psychiques » (4) ; le fait social essentiel est un fait psychique : la conscience de l'espèce (5).

(1) *Principes de Sociologie* liv. I, ch. 1 : L'idée sociologique, p. 11-12. On doit rectifier sur un point l'indication donnée par Giddings : l'école autrichienne et l'école américaine procèdent l'une et l'autre de sources originales, elles n'ont pas continué à proprement parler, l'œuvre de Cournot, de Jevons et de Walras, mais confirmé ses résultats essentiels par un effort de pensée indépendant (v. *La Psychologie économique chez les Anglo-Américains*, Introduction p. 16).

(2) *Op. cit* liv. I, ch. II : Le Domaine de la Sociologie, p. 35.

(3) v. *op. cit.* liv. IV, ch. IV. Nature et but de la Société, p. 359.

(4) *op. cit.* p. 358.

(5) La conscience de l'espèce est le sentiment par lequel chaque être reconnait tout autre être conscient comme étant de la même espèce que lui (*op. cit.* liv. I, ch. I, p. 16). Cette notion donne seule aux yeux de l'auteur une explication suffisamment précise des faits sociaux ; les formules de Durkheim sur la contrainte, de Tarde sur l'imitation, lui apparaissent comme trop compréhensives, (p. 13-14) ; il accorde d'ailleurs à la formule de Tarde une préférence marquée et accepte les principales lois de l'imitation telles que cet auteur les a dégagées (*op. cit.*

Les facteurs psychiques ont eu toujours dans la formation des sociétés un rôle plus grand qu'on ne le croit parfois (1); ce rôle, limité par les conditions physiques du développement social, tend à devenir progressivement plus étendu ; l'étude des choix sociaux, la détermination des valeurs sociales, prennent une importance croissante dans la science sociologique. De plus en plus aussi la fonction réciproque de formation des personnalités individuelles par la société, de transformation des sociétés par des individualités puissantes, tend à s'accuser sous l'un et l'autre de ses deux aspects (2).

En s'imprégnant de psychologie, l'économie politique a tout à la fois utilisé les résultats, l'esprit général de la méthode historique et réagi contre les tendances (négatives de l'idée même de science) que l'historisme avait développées. La déduction, l'analyse ont été remises en honneur, mais plus surveillées dans leur mise en œuvre ; l'ancienne psychologie économique abstraite a fait place à une psychologie plus rationnelle (3. A cet égard, encore l'économie contemporaine a suivi et accusé avec une netteté particulière les directions que devaient imprimer à l'ensemble des sciences sociales les nécessités de leur développement. Si la science économique a, dans une certaine mesure, marqué sa voie à la sociologie dans le sens de l'interprétation psychologique, elle doit, d'autre part, pour donner à sa propre évolution, la plénitude de ses résultats, se pénéter plus complètement du point de vue social. A cet égard, l'auteur démontre que les concepts de base de l'économie psychologique, n'ont pu s'édifier que dans le cadre de la vie sociale. Si les jugements d'utilité « initiale » (simples constatations des services immédiats rendus par une parcelle déterminée de richesse et dont l'ensemble constitue l'utilité totale d'un groupe de richesses de même espèce) peuvent être considérés comme des éléments psychiques pré-sociaux, la conception de l'utilité marginale implique une formation intellectuelle compatible seulement avec un certain degré de développement social (4). Le jugement d'utilité marginale implique à la fois perception d'une série d'états psychiques différents (attribués à la répétition d'une même cause extérieure) et d'une différence entre l'action initiale et l'action finale d'une même cause. La perception d'un

liv. IV, ch. III Lois et causes sociales, p. 352). La notion de conscience de l'espèce sera à son tour, jugée trop compréhensive par Baldwin qui trouve qu'elle embrasse indistinctement des formes psychiques instinctives et réflexives (v. *Développement mental* Préface p. V, VI, l'émotion sympathique constitue seule, d'après Baldwin, la base d'une notion synthétique du fait social).
(1) *op. cit.* liv. II, ch. I. La Population sociale, p. 75-124.
(2) *op. cit.* liv. IV, ch. IV. Nature et but de la Société, p. 359.
(3) *op. cit.* liv. I, ch. III. Les Méthodes de la Sociologie, p. 65-6.
(4) *op. cit.* liv. I, ch. II, Le Domaine de la Sociologie, p. 40-41.

rapport déjà aussi complexe n'est accessible qu'à des êtres doués d'une organisation psychique développée, des êtres d'un psychisme plus rudimentaire, aptes pourtant à certaines formes de vie sociale, ne discernent pas les utilités marginales.

C'est là, aux yeux de Giddings, l'argument le plus essentiel en faveur de l'origine sociale du concept d'utilité marginale ; l'analyse se trouve poursuivie à travers les concepts encore plus complexes de coût subjectif (1) (perception d'une série de rapports entre des expériences désirables et non désirables corrélatives) de valeur subjective (2), (comparaison de plusieurs utilités entre elles et avec leurs coûts respectifs). Outre la complexité des jugements de valeur subjective, on doit retenir leur caractère prospectif. intellectuel, ils constituent des prévisions, des organisations de l'expérience future et non des résultats, simplement enregistrés, de l'expérience passée·

Il n'y a donc pas en réalité, de science économique abstraite précédant la sociologie (3), certains concepts économiques peuvent, dans leur état rudimentaire, ne pas dépendre de la vie sociale, mais quand la vie sociale se développe, elle les pénètre, les transforme· et c'est dans cet état qu'ils exercent leur fonction organisatrice (4). Cet exemple concret est invoqué à l'appui de la nécessité de rapports mutuels et non unilinéaires entre les diverses sciences, d'un large cercle de sympathies autour de chacune d'elles· Pas plus que les autres sciences sociales, ni que la sociologie (qui domine l'ensemble de ces sciences par la généralité de ses problèmes sans devoir se substituer à aucune d'elles), la science économique ne doit se confondre avec la psychologie, mais elle doit, au même titre qu'elles, se développer par l'information, l'interprétation psychologique, son rôle consistant, comme le leur, à expliquer, sous certains de ses aspects, une organisation morale, dans un milieu déterminé (5).

Après avoir indiqué les principales suggestions contenues dans la théorie sociologique de Giddings au sujet des directions de l'économie psychologique, on doit rappeler quelques-unes des contributions directes que cet auteur a apportées au mouvement des idées économiques·

L'étude sur la Distribution des Richesses· formée de quatre chapitres dont deux (ch· I : Limites de la concurrence ; ch· III : Le profit dans les conditions économiques modernes), sont

(1) op. cit. liv. I, ch. II, p. 42.
(2) ibid, p. 42-3.
(3) ibid, p. 43.
(4) ibid, p. 43-4.
(5) L'interpénétration des faits économiques et des faits moraux s'affirme notamment si l'on envisage le phénomène progressif de la multiplication, de la diversification des désirs, qui est à la fois un

l'œuvre de Clark, et les deux autres, l'œuvre de Giddings (ch. II :
La persistance de la compétition économique ; ch. IV ; Le
taux naturel des salaires) a pour but de déterminer dans l'industrie contemporaine, le domaine encore laissé à la concurrence
et celui qui apparaît comme favorable à la coalition (préface p.
III), de séparer ainsi ce qui passe de ce qui est durable, dans la
théorie ricardienne de la distribution.

En ce qui concerne l'œuvre propre de Giddings, on doit indiquer
notamment, le rôle attribué en matière de salaires, à l'action des
forces morales. Ces forces ont pour but immédiat de donner au
travail la rémunération d'un régime de concurrence normale.
Quant à leurs modes d'actions directs, ils consistent dans l'organisation du travail, l'opinion publique et la législation. On doit
noter comme moyens moins directs, dont le champ d'action est à
la fois plus étendu et moins sûr que celui des moyens directs,
toutes les mesures qui augmentent, soit la valeur professionnelle,
(et par suite la productivité économique) des travailleurs, soit
d'une façon plus générale, les ressources intellectuelles de réaction,
d'adaptation économique des divers membres d'une société,
(ch. IV, p. 67-9).

Les idées de Giddings sur le Capital et l'Intérêt, ont pour caractéristique de mettre en relief l'importance trop longtemps méconnue des facteurs psychiques de l'épargne (1). L'épargne est avant
tout un fait psychique simplement limité par des possibilités
physiques. Le motif essentiel de l'épargne consiste dans une représentation anticipée de la consommation future et dans le désir
d'une consommation d'un niveau plus élevé que celui de la consommation actuelle. Ainsi, au lieu de mettre au premier plan
la sous-consommation actuelle, l'abstinence, on doit se préoccuper de la sur-consommation anticipée. C'est donc seulement si
le désir d'une consommation plus large se répand, qu'il y a vraiment dans une société des motifs pour l'épargne, la capitalisation
est suscitée, non par la volonté d'épargner, qui n'est qu'un mobile
second, mais par la volonté de dépenser.

C'est ce désir d'expansion de la consommation qui, en dévelop-
pant la capitalisation, aiguillonne le travail et l'amène à prolonger son activité au-delà du point de **diminishing return;** c'est lors-

signe de perfectionnement psychique, une cause d'accroissement de
puissance économique et de stabilité sociale (4e partie, ch. III Lois et
causes sociales, (p. 354-5).

(1) Les vues essentielles de Giddings sur ce point se trouvent énon-
cées dans l'article : *The Growth of Capital and the cause of Interest*
(Q. J. O. E. t. V. p. 242-8), qui est une réplique à deux articles, l'un de
Böhm-Bawerk (Professor Giddings on the Theory of Capital, Q. J. O.
E. A. IV p. 347, 1889-90) l'autre de Bonar (Professor Giddings on the
Theory of Capital Q. J. O. E. t. IV, p. 346-7), suscités eux-mêmes p ar
l'article de Giddings : *The Theory of Capital*, Q.J.O.E. t. IV, p. 172-206).

que ce point est trop largement dépassé que la capitalisation se trouve arrêtée. Ces remarques se relient directement à la théorie psychologique de l'intérêt ; la sous-estimation des biens futurs a deux causes essentielles, l'une (la sous-estimation des satisfactions futures), que le progrès social tend à éliminer, l'autre au contraire dont l'action est vraiment permanente (nécessité d'un travail accru, et dont l'utilité négative s'aggrave, en même temps que son produit diminue, à mesure que la capitalisation devient plus abondante).

CHAPITRE II

Sources américaines (économiques)

Sous ce titre, on étudiera d'abord les principaux ouvrages de J. B. Clark, qui peut être considéré comme le fondat · de l'économie psychologique américaine — pour arriver immédiatement après, avec le principal ouvrage de Carver, à un autre essai de synthèse économique construit lui aussi sur la base de la théorie marginale puis, avec Patten, à une tentative d'application de cette même théorie.

On examinera ensuite la théorie psychologique de la valeur dans ses rapports avec le mouvement des idées relatives au salaire et au profit (Walker, Taussig, Hawley ,dans sa répercussion, si essentielle, sur les théories du capital, du revenu, sur la notion même de richesse (Fisher, Fetter, Tuttle).

On terminera le chapitre par une vue générale sur des théories qui ne se rattachent pas directement aux écoles psychologiques proprement dites (c'est-à-dire au développement de la notion de valeur marginale), mais qui affirment avec énergie et précisent en des termes nouveaux l'importance du point de vue psychologique dans la science économique (théories de Thorstein Veblen et de J. M. Clark).

I. — Clark (J. B.)

Les idées de M. le Professeur Clark (de Columbia University), sur l'économie psychologique, se trouvent exposées dans trois ouvrages principaux : **Philosophy of Wealth** (1886), **Distribution of Wealth** (1889), **Essentials of Economics** (1907); la bibliographie d'ensemble des œuvres de cet auteur sera divisée selon ses rapports avec chacun des ouvrages qui viennent d'être indiqués. L'étude du premier donnera lieu à quelques explications d'ensemble sur les origines et le développement de la pensée économique de l'auteur.

A. — Philosophy of Wealth
(Boston Ginn et Cie 1886, 2ᵉ édition 1887 (XV-236).

Comme l'indique son titre, cet ouvrage est un exposé de vues générales sur les fondements, les limites, les buts de la science des richesses ; son influence a été importante, et explique dans une large mesure les directions actuelles de l'enseignement économique américain. Aussi, avant de retracer les principales idées qui s'y trouvent soutenues, est-il intéressant de donner quelques précisions sur les origines d'ensemble de ces idées.

L'auteur possédait une vue assez complète déjà, des lignes essentielles de son système en 1872, à la fin de ses études économiques dirigées à Amherst College, par le Professeur Julius Seelye, économiste d'origine et de formation philosophiques (1). Ce premier enseignement a exercé une influence essentielle sur la direction générale des idées de Clark, qui déclare lui avoir dû à la fois son attrait pour la théorie, la synthèse économique, son éloignement à l'égard de l'interprétation individualiste des faits économiques, éloignement inspiré par une vue nette de l'action organique de la société dans la formation des valeurs.

En 1873, au cours d'un voyage d'études, Clark entra en rapports suivis avec les milieux économiques français ; on aura particulièrement à se souvenir de ces relations, dans l'étude de son premier ouvrage : la pensée économique française, si elle n'y exerce pas d'influence vraiment décisive, s'y trouve, à plusieurs reprises, rappelée avec sympathie. La théorie des richesses immatérielles notamment sera, sinon admise intégralement, du moins considérée comme ayant été l'un des leviers les plus puissants de l'idée psychologique.

L'influence de l'école historique s'est également exercée sur Clark à l'Université d'Heidelberg où il suivit en 1873 l'enseignement du Professeur Knies (1). Cet enseignement lui a suggéré l'idée générale d'une soudure à établir entre la valeur d'usage et la valeur d'échange au moyen de la «socialer Gebrauchswerth» (3) véritable valeur sociale d'usage dont la notion est impliquée dans toute théorie psychologique de la valeur. Il a contribué à lui suggérer ses idées critiques sur les bases psychologiques trop étroites et trop fragiles à la fois de l'économie traditionnelle (4).

(1) Ces renseignements, comme la plupart de ceux qui suivent, sont puisés dans une lettre de M. Clark à l'auteur.
(2) Sur l'influence générale de l'enseignement de Knies, v. *Philosophy of Wealth*, p. 35, *Distribution of Wealth*, préface p. IX.
(3) Cette idée simplement indiquée mais non analysée par Knies, a été développée notamment dans l'article : *The Unit of Wealth* que Clark a écrit en 1896 pour le livre jubilaire de Knies.
(4) v. *Philosophy of Wealth*, p. 35 — sur la critique psychologique de l'économie traditionnelle par le Professeur Knies, v. Gide et Rist. *His-*

Si l'œuvre de Clark apparaît avant tout comme une reconstitution de la théorie déductive (1), une affirmation d'unité scientifique, les droits de la vérification historique, statistique, s'y trouveront aussi très nettement réservés. L'auteur insiste sur la nécessité de compléter la théorie statique par l'étude dynamique des faits, la plus laborieuse qui soit proposée à l'effort actuel des économistes (2).

Cette recherche des influences, sous l'action desquelles se sont développées les idées de Clark, a pour résultat principal de faire ressortir le caractère pleinement original de l'ensemble de sa théorie. Il est essentiel de noter en effet que la théorie de Clark ne doit rien à Jevons, ni à Walras, ni aux Autrichiens, que d'une façon générale elle ne s'apparente à aucune des autres sources directes de l'économie psychologique. C'est avant de les connaître que Clark a formulé les idées essentielles de sa philosophie économique (3).

Cette indépendance, à l'égard des divers courants d'idées qui, quelques années auparavant, avaient suscité sur divers points, en Europe, l'apparition de la théorie psychologique de la valeur (4) constitue d'ailleurs une ressemblance entre Clark et ses devanciers, qui se sont également ignorés les uns les autres au moment de leurs découvertes concordantes ; cette indépendance accentue à la fois le mérite propre des différents auteurs et la force collective de l'idée qu'ils ont atteinte par des méthodes si diverses.

toire des Doctrines économiques 2ᵉ édit. 1913, Paris Larose et Tenin, liv. IV, ch. I, p. 464. Cette critique était dirigée contre l'hypothèse d'une activité économique mue par des motifs purement égoïstes, hypothèse impliquant soit la négation de « tout motif meilleur ou plus élevé dans aucune entreprise », soit l'affirmation de l'existence d' « une série de centres d'activité psychique fonctionnant indépendamment les uns des autres ». (Knies, *l'Economie politique envisagée au point de vue historique*, p. 232).

(1) L'action de Clark sur les directions théoriques, déductives, psychologiques de l'économie américaine s'est exercée, en même temps que par ses ouvrages, par le rôle important qu'il a eu dans l'organisation de l'Américan economic Association ; ce groupement, composé au moment de sa fondation (vers 1885) d'économistes dont la plupart affirmaient des tendances surtout historiques, est ainsi devenu un centre puissant d'influence pour l'économie pure. Les efforts de Clark ont été à cet égard, secondés par Giddings et Patten notamment (le souvenir de cette action commune se trouve rappelé dans Patten : *The Reconstruction of economic Theory*, Annals of American academy of political and social science, novembre 1912, p. 1-4 ; il y est fait allusion dans la Préface de *Distribution of Wealth*, p. IX).

(2) v. Distribution of Wealth, ch. XXVI p. 442.

(3) v. notamment, en ce qui concerne l'indépendance à l'égard de Jevons, *Philosophy of Wealth*, préface de la 2ᵉ édit. p. VII — une indépendance égale à l'égard de Walras et des Autrichiens est affirmée dans la lettre de M. le Professeur Clark à l'auteur.

(4) Jevons *Theory of Political Economy*, Londres 1871, Menger, *Grundsätze der VolksWirtschaftlehre*, Vienne 1871 ; Walras *Eléments d'Economie politique pure*, Lausanne, 1874 (pour ne mentionner que les sources tout à fait immédiates).

En 1877, Clark publiait dans le **New Englander** (1), un article intitulé **The new Philosophy of Wealth,** qui devait constituer, avec peu de changements, le chapitre I de l'ouvrage **Philosophy of Wealth,** et en 1881, l'article « **The Philosophy of Value** », devenu le chapitre central de ce même ouvrage, (ch. V) ; terminé en 1885, publié en 1886, l'ouvrage **Philosophy of Wealth,** eut une seconde édition en 1887 (2).

Le but de la réforme poursuivie dans **Philosophy of Wealth,** est indiqué dès les premières pages du livre : élargir la conception de la richesse, trouver une place pour les mobiles humains les meilleurs, construire une nouvelle théorie de la valeur, faire appel pour l'explication des faits économiques, à une conception organique de la société et suggérer d'autres corrections (3).

La notion de richesse (4) demeure matérielle, les richesses consistent en somme dans le support objectif des services ; l'immatérialité est pour elles comme une limite qu'elles n'atteignent jamais, dont elles se rapprochent sans cesse (5).

En s'attachant avant tout dans la notion de richesse, au service, à la fin, l'auteur se trouve amené à combattre la théorie de la valeur-travail (6) ; « le travail ne doit pas être considéré comme la **vis a tergo** qui pousse la richesse devant elle, c'est la richesse qui doit être considérée comme la sirène qui attire le travail ». (7)

De même que la valeur des richesses ne s'explique point par le travail, la valeur du travail, sa rémunération ne se réduit pas à l'entretien pur et simple de la force physique de travail (8). « Si le travailleur est une machine, sa force motrice est dans le combustible, s'il est un homme, elle est dans l'espoir » (9). Ce n'est là d'ailleurs, qu'un exemple de la nécessité où l'on se trouve d'expri-

(1) Publication qui a pris depuis le nom de Yale Review.
(2) Les articles publiés antérieurement à cet ouvrage et accusant un lien direct avec lui sont, en dehors des deux signalés plus haut, les suivants : *Business Ethics, Past and Present,* (*New Englander,* mars 1879). *Spiritual Economics* (ibid, mai 1880). *Non Competitive Economics* (ibid novembre 1882). Parmi les autres publications antérieures à ce même ouvrage, on peut signaler : *How to Deal with Communism* (New Englander, juillet 1878). — *The Nature and Progress of True Socialism* (ibid juillet 1879) « *Socialism* » de Joseph Cook, (ibid septembre 1880) Parmi les articles consacrés à Philosophy of Wealth, on peut mentionner celui de Henry Kingsley dans The New Englander, décembre 1886.
(3) Préface, p. IV.
(4) ch. I, Wealth, p. 1-9.
(5) op cit, p. 9; c'est à ce point de vue notamment que se trouve rappelé le rôle de la théorie française des richesses immatérielles dans le développement de la science (p. 7).
(6) v. ch. II, Labor and its Relation to Wealth, p. 10-31.
(7) p. 25.
(8) ch. III, The basis of economic law, p. 32-55.
(9) p. 53. Ce sont des forces psychologiques plutôt que physiologiques qui le maintiennent en mouvement.

mer les lois économiques en termes de finalité, d'action volontaire, et non d'action mécanique, comme était trop inclinée à le faire l'économie traditionnelle ; les lois économiques s'établissent en fonction des mobiles humains, c'est l'action combinée de tous ces mobiles (y compris les mobiles purement moraux), et non l'action isolée de certains d'entre eux qui doit être étudiée. Pas plus que l'on ne doit isoler certains mobiles, dans une indépendance fictive, on ne doit isoler l'action individuelle de son interdépendance avec l'organisme social, dans lequel les actes de chaque individu jouent à la fois le rôle de moyen et de fin à l'égard des autres individus

La richesse doit donc être considérée avant tout comme l'instrument des services sociaux (1) ; le rapport essentiel existant entre l'homme et la richesse est constitué par la synthèse de deux actes exactement inverses l'un de l'autre, la production et la consommation (qui signifie plutôt utilisation que destruction).

Ces notions préliminaires, une fois exposées, l'auteur en arrive à la théorie de la valeur basée sur l'utilité effective (2). Valeur et utilité sont aussi inséparables l'une de l'autre que peuvent l'être « une mesure et l'objet mesuré », (p. 74). L'utilité consiste dans la capacité de servir, (p. 77), l'utilité effective, dans le pouvoir que possède une certaine quantité de richesse de modifier notre condition, pouvoir que l'on mesure en supposant que cette quantité, possédée par nous, vient à être supprimée, ou qu'une quantité égale qui nous manque se trouve obtenue (3). La valeur sera fondée sur l'utilité effective d'une richesse pour la société, prise dans son ensemble (4).

C'est ainsi, par une voie indépendante, que se trouve atteint le principe psychologique de la valeur ; si l'idée essentielle est la même que celle dégagée par la théorie de l'utilité finale (la valeur se trouvant fondée sur l'état de dépendance actuelle du désir à

(1) ch. IV The Elements of social service, p. 56-69.
(2) ch. V, The Theory of Value, p. 70-90. Comme on l'a déjà indiqué (p. 22) la recherche d'une formule de valeur basée sur l'utilité a été suggérée à Clark par l'enseignement de Knies. Le Professeur Knies considérait que, dans toutes les richesses se trouve une qualité commune, la « socialer Gebrauchswerth » (valeur sociale d'usage) qui doit être susceptible de mesure. Clark fut ainsi amené à considérer comme essentielle et à entreprendre l'étude du mécanisme par lequel une société économique, au moyen de l'action spontanée de ses membres, réalise cet acte essentiellement collectif qui consiste dans la mesure de l'utilité sociale et dans la création d'une unité de mesure pour cette utilité. De ces études est résulté le chapitre V de *Philosophy of Wealth* paru déjà dans le New Englander en 1881. Sur ce même sujet, une communication avait été faite dès 1880 à la Société d'études de Northfield (Minnesota). Cette notion interpsychologique de valeur sera développée notamment dans l'article « *The Unit of Wealth* » (1896, livre jubilaire du Professeur Knies) et dans l'ouvrage : *Distribution of Wealth*.
(3) p. 78.
(4) p. 86

l'égard de la richesse), le point de vue est différent : au lieu de mettre surtout en lumière l'inégalité des résultats psychiques d'une même expérience répétée, la théorie de l'utilité effective insiste avant tout sur l'identité actuelle de pouvoir économique de toutes les parcelles d'une même richesse, dans un même milieu et à un même moment ; au lieu de la différenciation des expériences sensibles individuelles, c'est le nivellement de l'expérience intellectuelle, collective qui est considéré comme le fait essentiel.

Le mécanisme de prix se trouve donc placé sous la dépendance de l'économie des désirs (1), il subit l'action de leurs lois d'évolutions variées ; parmi ces lois, il en est une trop négligée par l'économie traditionnelle, essentielle cependant, c'est la loi d'expansion des désirs les plus élevés (2), protégés à la fois de plus en plus par leur constitution intérieure comme par les conditions d'ensemble de la production, contre la disette et la satiété (3).

Entre la théorie psychologique de la valeur et la théorie générale de la distribution, une continuité profonde doit être établie (4) : à cet égard, les vues simplement esquissées sur les rapports, les réactions réciproques de la distribution entre groupes (objet de la théorie de la valeur) et sous groupes industriels (distribution proprement dite), se trouveront développés dans **Distribution of Wealth**. La théorie du fonds des salaires déjà réfutée au point de vue moral, comme contraire à la psychologie directe du travailleur, le sera une fois de plus comme contraire à la conception psychologique générale de l'évaluation (5). Elle se trouve d'ailleurs démentie par l'expérience économique contemporaine, de plus en plus pénétrée (en matière de fixation de salaires notamment) par l'action des forces morales. (6).

Les trois derniers chapitres de l'ouvrage marquent de la part de l'auteur, une tentative faite pour élargir le champ traditionnel, trop limité, de la curiosité économique (7), ils sont également pénétrés de l'esprit historique, de la notion de développement, de répétition variée des faits, à travers les époques et les milieux, rappelant ainsi la nature de l'une des principales influences qui se sont exercées sur la formation générale de la pensée de l'auteur (8).

L'évolution économique contemporaine a fait apparaître, ou plus exactement reparaître sous une forme nouvelle la coopération in-

(1) ch. VI The Law of Demand and Supply p. 91-106.
(2) p. 95.
(3) p. 105-6.
(4) ch. VII The Law of Distribution, p. 107-25.
(5) ch. VIII Wages as affected by Combinations p. 126-48.
(6) ch. IX The Ethics of Trade, p. 149-73.
(7) Préface de la 2e édit. p. VIII.
(8) v. supra, p. 21-2. — L'auteur était à cette époque professeur d'histoire et de science politique à Smith College.

dustrielle (1), transformé la notion de liberté économique, réduit l'importance, le crédit autrefois attribués à la concurrence (2). A plusieurs reprises déjà, l'auteur avait été amené à distinguer entre la concurrence normale (comparable à une course) et la concurrence anormale (semblable à un combat), la première seule ayant un rôle économique salutaire (3). Même limitée à son mode d'action normale, la concurrence, loin d'être une loi universelle, n'est qu'un instrument utilisable, seulement dans la mesure où il peut réaliser les fins poursuivies par la société à l'égard de la richesse ; ces fins ne consistent pas seulement dans l'augmentation quantitative, mais aussi et surtout dans la plus haute qualité et la plus juste distribution des richesses (4).

Les richesses les plus précieuses sont non seulement les moins matérielles, mais celles qui se distribuent hors de l'action du principe de concurrence, selon des modes communistes plus ou moins accentués (5), il se constitue ainsi une économie soustraite au principe de la concurrence ; une application intéressante de cette idée se trouve faite dans le dernier chapitre (6), qui indique en même temps l'une des conséquences du caractère organique de la société : si l'assistance peut être considérée comme un devoir de charité dans les rapports des individus entre eux, elle devient un devoir de justice dans les rapports existant entre la société et les individus à cause de leurs liens de multiple, et continuelle interdépendance (p. 224-5).

B **The Distribution of Wealth** (7).

A Theory of Wages, Interest and Profits (XXVIII-445 p.) (New-York Macmillan (1899).

« Le but de cet ouvrage est de démontrer que la distribution du revenu social est gouvernée par une loi naturelle et que cette loi, si elle agissait sans frottement, donnerait à chaque agent de production, la quantité de richesse que cet agent a lui-même produite » (préface p. 6). Il importe de délimiter la compréhension exacte

(1) ch. X The Principle of Cooperation, p. 174-202.
(2) ch XI. Non-competitive Economics p. 203-20.
(3) ch. IV, p. 65.
(4) ch. XI. p. 205.
(5) p. 208-13.
(6) ch. XII The Economic Function of the Church p. 221-36.
(7) Les idées contenues dans cet ouvrage avaient été pour la plupart exposées dans une série de publications dont les plus importantes sont: « *The modern distributive Process* (VIII-69) en collaboration avec le Professeur Giddings, (Boston, Ginn et Cº 1888) chapitre sur les limites de la concurrence et sur le Profit). — *Capital and its Earnings* (mai 1888) ; — *Possibility of Scientific Law of Wages* (mars 1889). Ces deux

du problème ainsi posé : il est objectif; il s'agit non de la distribution personnelle des richesses, mais de la distribution fonctionnelle du revenu (1), de la rémunération des actes producteurs ·
encore cette question n'est-elle envisagée que dans un certain état
des forces économiques dans l'état statique, dont la notion sera
précisée plus loin et qui se caractérise essentiellement par la constance des ressources, des besoins, des directions (2).

Aini limité à une étude fonctionnelle, statique, le problème de
la distribution conserve une importance considérable ; comme il
s'agit d'établir la rectitude, la loyauté économique de la distribution du revenu, c'est-à-dire la concordance de la distribution
et de la production (3) c'est en réalité la théorie toute entière
de la production (4) qui doit être envisagée c'est-à-dire toute la
théorie économique, sauf la consommation.

dernières publications ont été éditées par l'*American economic Association* ; lorsqu'elles ont paru, Clark n'avait pas encore pris connaissance des travaux de Thünen dont les formules relatives à la distribution des richesses présentent de réelles analogies (à côté de différences
importantes) avec sa propre théorie (v. *Distribution of Wealth*, préface
p. VII-VIII.) Parmi les autres publications parues entre *Philosophy of
Wealth* et *Distribution of Wealth*, on peut mentionner *How shall Profits in Business be divided ?* (the Englander, décembre 1886) ; — *The
Outlook for Profit Sharing* (The Age of Steel, 1 janvier 1887) ; — *How
to Prevent Strikes. Suggestions for Legislation* (The Christian Union,
21 février 1889): — *The « Trust » a New Agent for Doing an Old* (Yale
Review, mars 1890); — *De l'Influence de la Terre sur le taux des salaires* (Revue d'Economie politique, mai-juin 1890); — *Patten's Dynamic
Economics the Law of Wages and Interest* (Annals of the american
academy of political and social science, juin 1890) : — *The Ethics of
Land Tenure* (International Journal of Ethics, octobre 1890) ; — *The
Moral Basis of Property in Land* (Journal of social Science, octobre
1890): — *Distribution as determined by a Law of Rent* (Quarterly Jour-
nal of Economics, avril 1891, t. V. p. 239-318): — *The Statics and Dynamics of Distribution* (ibid 1891-92, t. VI p. 111-119): — *The natural
Law in Political Economy* (the Christian register, 3 décembre 1891); —
The Industrial Future of the Negro (the Christian register, 18 juin
1891): — *The Theory of Rent* (ibid, 7 janvier 1892); — *Insurance and
Business Profit* (Q. J. O. E. octobre 1892, t. VII, p. 40-54); *The Ultimate Standard of Value* (Yale Review, novembre 1892):; — *Review of
Gilman's Socialism and the American Spirit »* (the Christian Register,
6 avril 1893): — *The Genesis of Capital* (Yale Review, novembre 1893): —
A universal Law of Economic variation (O. J. O. E. 1894, t. VIII. p.
261-79); — *Future Distribution-Trusts* (Boston Transcript, 30 juillet
1894): — *Theory of Economic Progress* (Gunton's Magazine, juillet 1895)
The Workingman's Support of International Arbitration (The Century
Magazine, août 1896) : — *Review of Fisher's « Appreciation and Interest »* (The Economic journal, Londres, décembre 1896); — *The futur of
Economic Theory* (Q. J. O. E. t. XIII 1898-99, p. 14) ; — *Natural divisions in Economic Theory* (Q. J. O. E. t. XIII. 1899 p. 187-203) ; —
Salaries of Teachers (Columbia University Quaterly, mars 1899).
(1) v. ch. I (Issues that depend on Distribution, p. 1-9, p. 6.
(2) *Préface*, p. VI-VII.
(3) ch. I. p. 9.
(4) ch. III The place of distribution within the traditional divisions
of Economics, p. 10-24.

Le problème de la distribution comprend ainsi au premier chef, la théorie de la valeur , entre l'évaluation des richesses et celle des services producteurs, il y a unité fondamentale de loi et interactions continuelles. Le principe d'unité de loi des valeurs ne permet d'ailleurs pas d'isoler complètement le problème de la distribution ainsi compris, du problème de la consommation (1) C'est donc en définitive une véritable synthèse de la théorie économique statique qui se trouve entreprise dans l'ouvrage **Distribution of Wealth**, synthèse ayant pour principe de coordination la notion psychologique de valeur.

La notion de statique économique qui domine l'ensemble de la théorie de la distribution a une signification non physique, mais psychologique, téléologique (2) : une économie statique n'est pas constituée par un monde immobile (ce serait un monde mort (3). L'état statique sera au contraire la dénomination qui conviendra à une société dont tous les mouvements s'accomplissent sans aucune déperdition de forces. La réalisation de cet état suppose avant tout une liberté économique complète, chaque énergie peut à tout moment se diriger vers le point où elle obtient le résultat le plus désirable; lorsque les regroupements, les tâtonnements ont pris fin, et qu'aucun déplacement nouveau n'aurait d'intérêt, l'état statique, c'est-à-dire la constance dans les directions se réalise, cet état persiste tant que les conditions du problème économique ne changent pas, c'est-à-dire tant qu'aucune modification ne se produit dans l'état des ressources et des désirs ; c'est dans ce sens seulement qu'il y a « **perfect mobility but no motion, perfect fluidity but no flow** » (4), c'est-à-dire fixité dans la structure organique de la société, vie sociale sans croissance (5).

Un état statique parfait ne se réalise jamais ; constamment les données du problème économique se modifient, cinq causes essentielles de changement doivent être distinguées : accroissement de population, accroissement de capital, progrès dans les méthodes de production, modifications dans l'organisation industrielle et commerciale, multiplication des désirs des consommateurs (6). Toute modification dans l'un de ces ordres de facteurs suscite pour les diverses activités, de nouvelles alternatives, la période dynamique est exactement celle qui s'écoule jusqu'à ce que les diverses

(1) ch. III, The place of distribution within the natural division of Economics, p. 25-35.

(2) v. ch. V Actual Distribution the Result of social Organisation, p. 52-61.

(3) p. 59, p. 399.

(4) ch. VI, p. 76, note

(5) p 60.

(6) p. 56.

forces du système aient réalisé la formule de groupement qui convient le mieux à leur situation nouvelle (1).

Une société économique est toujours dynamique, mais les forces statiques gardent. à travers les perturbations les plus variées, les plus profondes, une action dominante (2), les sociétés sont constamment entraînées vers la réalisation de leur formule statique, elles le sont même d'une allure d'autant plus rapide qu'elles sont plus dynamiques, la période dynamique se ramène en définitive à une transition entre deux formules statiques successives (3).

Les rapports de l'économie statique et de l'économie dynamique peuvent être envisagés soit dans le temps (au point de vue des facultés de réadaptation plus ou moins rapide des divers facteurs économiques) (4), soit dans l'interpénétration des milieux économiques (5) ; dans ce dernier ordre d'idées, on est amené à constater le caractère relatif des notions d'ordre statique et dynamique ; un pays s'assimile les méthodes industrielles de pays plus avancés : phénomène dynamique au point de vue local, statique au point de vue général. La solidarité économique est universelle, mais susceptible de degrés variés, un même fait apparaît sous des aspects différents selon qu'il se trouve envisagé dans ses rapports avec son milieu le plus restreint ou le plus étendu.

La loi normale de la distribution aura donc pour terrain cet état économique statique, toujours incomplètement réalisé, mais sans cesse poursuivi. L'état statique étant avant tout celui dans lequel l'adaptation mutuelle des moyens et des fins se trouve réalisée en une formule fixe, implique la stabilisation des quantités de capital et de travail disponibles dans une société déterminée. Les individus, les richesses se renouvellent et sont exactement remplacés. C'est cette idée qui se trouve exprimée dans l'antithèse du capital pur et des capitaux-biens (6). Les capitaux-

---

(1) v. ch. VI Effects of social Progress. p. 62-76.

(2) p. 67.

(3) Dans son ouvrage *Essentials of economic Theory*, l'auteur, s'exprimant d'une façon encore plus explicite, dira que la forme actuelle d'une société hautement dynamique, est relativement rapprochée de celle de son modèle statique, bien qu'elle ne s'y conforme jamais tout à fait. (ch. XII, p. 195). La structure actuelle d'une société à un moment déterminé ne se confond pas avec son modèle statique ; mais elle tend à s'y conformer et, dans une société très dynamique, se rapproche plus de lui qu'elle ne le ferait dans un pays où les forces qui déterminent les changements économiques seraient moins actives. (L'Amérique est plus proche de sa forme normale que l'Europe ne l'est de la sienne, p. 197).

(4 v. *Distribution of Wealth*, ch. XXV, Static standards in a dynamic Society, p. 399-430.

(5) v. ch. XXVI, Proximate static Standards, p. 431-42.

(6) Distribution of Wealth, ch. IX Capital and capital-goods contrasted, p. 116-140 : v. également ch. X, Kinds of Capital and of Capital-Goods, p. 141-56 ; ch. XX, Production and Consumption synchronized by rightly apportioned Capital, p. 303-18.

biens sont les richesses concrètes, passagères, le capital pur est
une somme de richesse productive, placée sur des objets matériels
qui se renouvellent constamment, le fonds demeurant intact (1).

Une distinction analogue doit être faite entre les travailleurs
individuels et la force de travail collective (2). Le contraste ainsi
établi entre le capital pur normalement perpétuel et le tourbillon
des capitaux-biens — renouvelés comme les cellules d'un être
vivant, les gouttes d'eau d'une chûte — ne fait qu'exprimer sous
une forme nouvelle la nature même de l'activité économique
statique, aussi intense que disciplinée.

Les critiques adressées à la notion de capital pur (trouvée parfois inutile, obscure (3) méconnaissent, en réalité le caractère
psychologique de ce concept, qui signifie avant tout richesse organisée, formule productrice exactement adaptée à un certain état
économique. Ainsi s'expliquent non seulement la perpétuité, mais
la mobilité du capital pur (4), le synchronisme de la production et
de la consommation (5). Dans une forêt aménagée, la plantation
effectuée aujourd'hui trouve sa rémunération immédiate dans l'ar-
bre déjà mûr qui peut-être brûlé aujourd'hui même. (6).

La réalisation de l'état statique sera d'autant plus complète que
cette perpétuité, cette mobilité, ce synchronisme, cette conservation de l'énergie économique seront obtenus dans une plus large
mesure.

Il n'y a pas là dédoublement de l'idée de richesse, mais distinction établie entre les richesses isolées et les séries organisées de
richesses assurant la persistance d'un même ensemble de rapports
économiques.

L'ensemble de ces notions se trouve rattaché par l'auteur à une
conception organique de la société exposée déjà dans Philosophy
of Wealth (7) ; en réalité elles dépassent, comme on l'a vu, la
notion d'organisme social et impliquent l'idée d'adaptation interpsychique, d'organisation sociale.

C'est dans la mesure exacte où une société se rapproche de l'état

(1) p. 119-20.
(2) ch XXIV, p. 373 le travail est une force permanente, le capital
un fonds permanent. L'un et l'autre se manifestent par une succession
indéfinie de formes concrètes dont la structure générale s'altère chaque fois que la quantité de l'un ou de l'autre élément se modifie.
(3) v. notamment Böhm-Bawerk, *Capital and Interest, once more :
I Capital versus capital-goods. II Relapse of the Productivity Theory*
Q. J. O. E. 1906-07. t. XXI, pp. I et 247. *The Nature of Capital a Rejoinder*, ib. XXII, 1907-8, p. 28-47.
(3) p.118.
(4) ch. XX, p. 303-18, Production and consumption synchronized by
rightly apportioned capital.
(5) ch. XX. p. 313-14.
(6) v. *Distribution of Wealth*, ch. XX,p. 311, cp, *Philosophy of Wealth*
ch. V, p. 90 ; — v. supra, p. 21.

statique et par suite de la conservation de l'énergie économique, de la constance du capital par, que s'appliquera la loi de la distribution, basée sur la production spécifique sur l'égalité de la rémunération et du service. Cette distribution est obtenue par l'application de la loi de l'utilité marginale ou (pour rappeler l'expression employée dans Philosophy of Wealth) effective, qui régit tout jugement de valeur.

L'auteur indique comment cette loi doit être modifiée dans sa formule primitive ; la nécessité de ce remaniement se fait sentir d'une manière plus apparente dans la théorie des prix proprement dite (1). Ce sont les incréments finaux de richesse contenus dans les objets et non les objets eux-mêmes dans leur entier, qui fournissent les mesures d'utilité décisives auxquelles se conforment les valeurs du marché (2). La théorie marginale appliquée à des objets entiers aboutirait à un grossissement caricatural des valeurs (3). comme beaucoup d'objets rendent plusieurs genres de services en même temps, ils constituent des aggrégats d'utilités distinctes. dont l'une seulement fait partie de l'unité de consommation marginale et agit d'une façon déterminante sur le prix de chaque catégorie d'objets.

Cette notion des utilités jointes a, entre autres résultats, celui de donner un développement nouveau à la rente du consommateur; tandis qu'une application rudimentaire de la loi marginale à des richesses entières aboutit à l'exclusion de la rente marginale pour le dernier terme de toute série d'achats, l'application analytique de cette même loi implique, même dans l'achat limité, une série de rentes, pour toutes les utilités autres que celle qui est parvenue au niveau maginal et joue seule un rôle actif dans la fixation du prix.

De la théorie de la valeur, ces principes seront transposés dans la théorie de la distribution ; les véritables unités économiques seront constituées non par des agents individuels de production, mais par les quantités d'énergie productrice incorporées en eux (4). Après avoir déterminé les éléments auxquels s'appliquent en réalité les jugements de valeur, l'auteur se préoccupe de fixer la signification de ces jugements. L'utilité effective, c'est-à-dire (selon une formule analogue à celle employée dans Philosophy of Wealth) le pouvoir d'une unité déterminée de richesse de changer la situation

(1) v. ch. XV, The marginal efficiency of Consumer's Wealth the Basis of Group Distribution, p. 219-30, ch. XVI, How the marginal Efficiency of Consumer's Wealth is measured, p. 231-45.
(2) ch. XV p. 220.
(3) p. 219.
(4) ch. XVIII The growth of Capital by qualitative Increments, (p. 265-75).

de son possesseur (1), peut être mesurée en dernière analyse par le travail qu'il accepterait d'effectuer, pour acquérir ou conserver cette unité de richesse. L'utilité sociale effective d'une richesse (la seule qui ait une importance économique décisive) (2) sera donc mesurée en principe par le travail social consenti pour son acquisition. L'auteur a soin d'indiquer les rapports et les différences qui existent entre cette formule et l'ancienne théorie de la valeur-travail. « Le travail individuel qui a servi à produire une richesse est l'équivalent économique du travail social qui se trouve stimulé par elle et qui mesure directement sa valeur, dans ce sens on peut dire que le travail accompli, en produisant une richesse correspond à la valeur de cette richesse et peut lui servir d'expression ; mais la valeur d'une richesse ne dérive pas du travail qu'elle a derrière elle et qui est représenté par sa production. Elle dérive du service social qui est devant nous et doit résulter de l'usage de la richesse envisagée. La valeur du travail dépensé pour produire une richesse est dérivée. Elle est transmise au travail par son produit et vient du résultat social que ce produit donnera » (3).

La coïncidence de résultats de la valeur coût et de la valeur-désir constitue d'ailleurs la caractéristique d'un état économique statique. L'ancienne formule du prix normal n'était pas inexacte mais incomplète, imprécise ; elle supposait la réalisation d'un état statique (suggéré par le concept d'ordre naturel mais non encore défini) (4), elle essayait d'enfermer dans une formule individuelle (équilibre du compte d'un entrepreneur) un résultat d'ordre social. Le prix égal au coût est en réalité celui qui assure, sur tous les points d'un système économique déterminé une rémunération égale à toutes les unités de capital pur et de force de travail mises en action à un même moment (5). C'est dans cette formule commune que se réunissent les notions de valeur normale et de distribution juste. C'est la fixation du prix des services finaux incorporés dans des biens de consommation, c'est-à-dire la distribution de la richesse entre les groupes industriels qui détermine directement la rémunération des services producteurs (distribution entre les sous-groupes industriels) mais, par réaction, les mouvements à la suite desquels sont obtenus les prix normaux sont cons-

---

(1) ch. XXIV The Unit for measuring industrial agents and their products, p. 373-99), p. 376, cf. *Philosophy of Wealth*, p. 78 ; dans l'intervalle avait été publié dans The Yale review *The ultimate Standard of value* (novembre 1892) qui contient déjà la substance du chap. XXIV de *Distribution of Wealth*.
(2) p. 376 et 378.
(3) p. 397.
(4) ch. VI, p. 69-72.
(5) ch. II. p. 18 : L'égalisation du produit par unité de travail et par unité de capital, est une condition du prix normal ; elle a pour résultat incident, le prix égal au coût.

titués par les efforts des divers individus pour obtenir la part de revenu à laquelle ils peuvent prétendre naturellement, c'est-à-dire en raison de la force productrice dont ils disposent (1).

Après avoir vu les précisions nouvelles que l'auteur apporte à la théorie générale de la valeur, on va retracer rapidement l'application de la théorie ainsi transformée à l'appréciation des services producteurs. L'idée essentielle de la théorie de Clark est celle de l'unité fondamentale de la loi de la distribution, dans une économie statique. Le salaire du travail, l'intérêt du capital sont l'un et l'autre fixés par la productivité spécifique de l'agent, c'est-à-dire par le service qui lui est attribuable, par sa productivité en valeur. Le prix des richesses se distribue intégralement entre ces deux co-partageants essentiels, sans résidu, ce qui revient à dire que le prix, dans une économie statique, n'excède pas la valeur de l'ensemble des rémunérations des producteurs. Le profit, c'est-à-dire l'excédent du prix d'une richesse sur l'ensemble des salaires et des intérêts qu'a coûté la production de cette richesse appartient exclusivement aux périodes dynamiques (2).

La distribution statique est donc limitée au salaire et à l'intérêt; la rente cesse d'être considérée comme un revenu distinct, le revenu du sol est soumis à la même loi que la rémunération de l'ensemble des richesses productrices, à la loi de l'intérêt (3). La notion de rente n'est d'ailleurs pas abandonnée, elle cesse seulement de s'appliquer à un revenu objectif distinct et devient l'expression générale d'un rapport existant entre toutes les formes de revenu et leurs sources. La rémunération de chaque agent producteur (capital ou travail), peut donc être fixée de deux manières: par la détermination directe de son produit spécifique ou par une comparaison avec la rémunération de l'autre agent ayant concouru à la production de la même richesse (c'est à cette dernière comparaison que correspond la véritable formule de la rente).

La détermination directe du prix des services par leur produit se trouve d'abord étudiée dans son application aux salaires. L'ancienne théorie du fonds des salaires méconnaissait la téléologie économique, (4) assimilait le travailleur à une machine ; elle méconnaissait aussi les conditions objectives de la production qui n'exigent pas la constitution d'une réserve spéciale pour l'entretien des travailleurs mais seulement lorsqu'il y a production intermittente et consommation continue, une réserve commune à tous les agents producteurs (5). D'ailleurs, l'état économique statique a

(1) p. 16.
(2) p. 70.
(3) p. 2.
(4) ch. IX, p. 149. cpr. Philosophy of Wealth. p. 53, p. 126-7.
(5) ch. IX, p. 151.

pour résultat de réaliser, par une organisation du capital exactement adaptée aux besoins, le synchronisme de la production et de la consommation (1). Il n'y a donc pas d'avance réelle faite par le capital au travail, le travail reçoit et consomme l'équivalent économique de son produit actuel, qui doit seul être considéré.

L'auteur constate qu'il revient à Henry George d'avoir le premier affirmé nettement, énergiquement que le salaire vient du produit du travail et non d'un capital antérieurement accumulé (2) ; c'est la lecture d'Henry George qui l'a amené à entreprendre ses recherches sur la détermination du produit spécifique du travail.

Le marché du travail est en principe, soumis aux lois générales de la valeur (3) et par suite au principe de l'appréciation marginale. Il n'est pas exact que le produit distinct du travail puisse être, comme l'indiquait Adam Smith déterminé, avec le maximum de netteté dans une industrie primitive (4) ; tant qu'il n'y a pas de coopération organisée avec le capital, le travail reçoit l'entier produit industriel et non le produit distinct de son activité (de même, la rémunération de l'occupant d'une terre libre considérée par Henry George comme régulatrice du salaire comprend, outre le produit du travail, celui du sol concédé et constitue un cas privilégié, non une rémunération type) (5).

C'est seulement dans une organisation industrielle complexe, que la détermination du produit et de la rémunération des deux agents économiques essentiels (force permanente de travail, fonds permanent de capital, supposés constants à travers leurs continuelles transmigrations de formes) présente un intérêt réel et peut être obtenue. L'industrie contemporaine fournit d'elle-même un terrain sur lequel peut être observée la productivité spécifique du travail. Le travail appliqué au sol trop pauvre pour donner un revenu, celui qui utilise les outillages industriels également impropres à donner une rente (6) — dans une plus large mesure encore celui qui fait appel à des capitaux en les utilisant au-delà du point où leurs services peuvent donner lieu à une rente, — constituent les éléments du travail employé dans la zone marginale, sans aide économique, sans concours avec un autre co-partageant. Les ou-

(1) ch. XX p. 308.
(2) v. Distribution of Wealth, préface p. VIII, ch. VII (Wages in a static social state the specific product of labor. p. 77-94), cf. Philosophy of Wealth ch. VIII p. 126.
(3) Distribution of Wealth, ch. VII, p. 81.
(4) ch. VII, p. 82-83.
(5) ch. VII, p. 87 et 89.
(6) ch. VII, p. 93 : (Le terme rente est pris ici dans le sens de revenu attribué à une richesse productive concrète, l'intérêt étant constitué par ce même revenu envisagé dans son rapport avec la valeur du capital),

vriers marginaux ainsi déterminés gagnent ce qu'ils produisent et leur gain sert de mesure au salaire social (1).

Après avoir ainsi déterminé le salaire spécifique, l'auteur s'occupe de fixer les caractères de la rémunération du capital (2) ; ce revenu peut, comme on l'a vu, être envisagé sous deux rapports distincts. Si l'on considère le capital pur, c'est-à-dire en somme l'énergie permanente, la valeur du capital, le revenu apparaît sous la forme intérêt, il est alors mesuré par la valeur spécifique du produit. Si l'on envisage au contraire les capitaux-biens, le revenu apparaît sous la forme rente et doit être déterminé par la méthode résiduelle qui sera indiquée plus loin (3). En tous cas, il s'agit d'un même revenu successivement envisagé, sous deux aspects différents.

De même que les notions d'économie statique, de permanence du capital pur ont eu pour résultat de faire écarter la théorie du fonds des salaires, elles doivent faire écarter l'explication de l'intérêt par l'abstinence (4). L'abstinence est un fait d'ordre dynamique, qui n'agit que sur le capital pur. Dans une économie statique la durée de l'existence du capital est indéfinie (d'où l'indifférence de la durée des périodes (5) de production), l'acte de production et l'utilisation du produit sont des opérations synchroniques (d'où l'inutilité, l'inefficacité de l'attente). L'intérêt a donc pour cause, pour mesure unique le produit spécifique du capital (6).

Après que les lois respectives du salaire et de l'intérêt ont été ainsi déterminées dans leurs formules essentielles, l'auteur envisage les rapports qui existent entre la productivité du capital et celle du travail (7). En vertu de la loi de productivité marginale, l'agent le plus rare, celui dont la quantité augmente dans des proportions moindres que celle de l'autre agent doit être considéré toutes choses égales d'ailleurs comme devenant de plus en plus productif. Ainsi « plus le monde est riche en capital, plus riche est l'ouvrier en pouvoir producteur » p. 172. Si l'on suppose, une certaine quantité de capital demeurant constante, qu'une série

(1) ch. VIII How the specific product of Labor, may, be distinguished (p. 96-115. — « Le produit effectif du travail de tout ouvrier doit égaler le produit absolu du travail d'un ouvrier occupé dans la zone marginale, » p. 107, (appelée aussi zone d'indifférence parce que le chef d'industrie peut, dans la limite des emplois constitués par cette zone, augmenter ou diminuer la quantité de main d'œuvre qu'il occupe, sans modifier son revenu personnel, le travail ainsi employé coûtant juste ce qu'il produit, p. 103).
(2) ch. IX. Capital and capital-goods contrasted, p. 116-40.
(3) v. ch. XIII, The products of labor and capital, as measured by the formula of rent, p. 188-205.
(4) p. 126-7.
(5) v. critique de la théorie de Böhm-Bawerk, p. 136-39.
(6) p. 135.
(7) ch. XI. The productivity of social labor dependent on its quantitative relation to capital, p. 157-72.

d'unités de travail soient successivement affectées à l'exploitation de ce capital, c'est le travail de la dernière unité survenue qui, par le produit qu'il ajoute au produit antérieur, fixe la productivité effective de toutes les unités de même nature, à un même moment (1).

La même démonstration peut être faite au sujet du capital, lorsqu'il constitue l'élément variable du système. L'auteur est ainsi amené à montrer en détail comment les revenus respectifs du capital et du travail, s'ils trouvent l'un et l'autre leur mesure directe dans la productivité spécifique peuvent aussi tous deux être mesurés par la formule de la rente (2). Quand l'un des deux revenus (salaire ou intérêt) se trouve déterminé sous la forme d'un résidu, c'est alors qu'il affecte le caractère d'une rente mais, dans une économie statique, le résidu ainsi obtenu est exactement égal au produit que l'on obtiendrait par détermination directe de la productivité spécifique du facteur envisagé, il n'y a pas de résidu réel, mais seulement une formule résiduelle pour la rémunération du facteur dont la productivité n'a pas été directement mesurée

Il n'y a de résidu réel que quand il y a équilibre imparfait, économie dynamique, cet excédent est alors acquis sous forme de profit à l'entrepreneur (3).

La même loi de « variation des résultats économiques » (p. 209) s'applique, dans toutes ses modalités à l'ensemble des jugements de valeur (4), les corrections apportées à la formule primitive de cette loi dans son application aux biens de consommation devront s'appliquer aussi à l'appréciation des services producteurs. C'est ainsi que l'intérêt se trouvera fixé par la productivité de la dernière dose de capital, c'est-à-dire d'énergie productive incorporée au capital disponible et non par le pouvoir producteur de biens pris dans leur entier (5). Ainsi une augmentation de capital se traduit surtout par le perfectionnement de l'outillage, la dose finale de richesse productrice consiste le plus souvent en améliorations industrielles (6).

C'est en vertu de cette loi de productivité spécifique constamment appliquée par les chefs d'industrie (dont les intérêts individuels, par leurs tendances et leurs luttes interprètent exacte-

(1) ch. XII (Final Productivity the regulator of both wages and interest p. 173-87), les unités de travail dont il s'agit ici ont un caractère composite, chacune d'elles comprend, par exemple, mille ouvriers parmi lesquels les diverses professions se trouvent représentées dans les proportions indiquées par les circonstances (p. 174).

(2) v. ch. XIII. The Products of labor and Capital, as measured by the formula of Rent, p. 188-205.

(3) p. 204.

(4) v. ch. XIV, the Earnings of industrial Groups, p. 206-18.

(5) p. 218.

(6) ch. XVII : How the Efficiency of final Increments of Producers Wealth is tested (p. 246-64) ; — ch. XVIII, The Growth of Capital by qualitative Increments, (p. 265-75).

ment, dans l'ensemble, l'intérêt social) que s'établit la répartition
du capital et du travail parmi les groupes industriels, distribution
normale lorsque chaque unité de capital pur et de travail possède
sur tous les points du système, le même pouvoir producteur (1) et
la même rémunération.

Cette corrélation établie entre la production et la rémunération
de toutes les unités de capital et de travail doit réaliser la justifi-
cation du système de distribution spontanément établi par le libre
jeu des forces économiques.

Toutes les unités interchangeables d'un même pouvoir économique ont une même rémunération mesurée par le produit de
l'unité marginale (2), mais aucune de ces unités n'est lésée ; si
leur contribution proportionnelle au produit d'ensemble était plus
élevée, avant que survint l'unité marginale, c'est qu'elles béné-
ficiaient en réalité d'un concours plus puissant de la part des autres agents économique dont la quantité n'a pas varié ou a varié dans des proportions moindres. Chaque moment économique
entraîne avec lui un certain état des valeurs et de la distribution
sans que les divers agents producteurs puissent invoquer comme
un droit acquis à l'encontre de la formule de distribution actuelle
la formule du moment antérieur.

La mise en lumière de cette identification des forces économiques substituables à un même moment peut être considérée comme le résultat par lequel s'affirme le mieux l'empreinte originale
de la théorie de la valeur basée sur l'utilité effective. Au lieu de
s'arrêter surtout, comme la théorie de l'utilité finale aux différences des résultats individuels constatés au cours de la répétition
d'une même expérience économique, elle retient ayant tout l'identité actuelle de pouvoir de toutes les parcelles d'une même richesse envisagées à un moment et dans un milieu économique déterminés (3). De même, la formule de productivité finale de
Thünen a pour caractéristique de ne pas avoir atteint la notion
de productivité spécifique (qui correspond à celle d'utilité effective) d'en être restée à la considération des différences successives
dans la production proportionnelle d'un ensemble d'agents dont
le nombre est successivement accru et d'avoir ainsi suggéré, l'idée
d'une lésion au préjudice de toutes les unités autres que l'unité
marginale (4).

(1) ch. XIX, The Mode of apportioning Labor and Capital among The
Industrial Groups (p. 276-302).
(2) ch. XXI, The Theory of economic Causation p. 319-33.
(3) v. ch. XXIV p. 376.
(4) v. le parallèle établi entre la théorie exposée par de Thünen dans
Der isolirte Staat (1826 et 1850) et la théorie de Clark (ch. XXI, p. 321-4);
d'autre part, Clark rapproche les résultats de sa théorie de ceux de
la théorie de Walker (ch. XIII, p. 204), qui seront indiqués plus loin
(v. infra, ch. II, n° IV).

Comparée aux formules antérieures d'utilité finale de Jevons de productivité finale objective de Thünen, la notion d'utilité effective, continuée dans celle de productivité spécifique a pour mérite propre de souligner la solidarité existant entre tous les éléments d'une même organisation économique. C'est cette solidarité qui explique à la fois l'unité de valeur de tous les instruments munis d'une même puissance de réalisation, tant que la proportion des forces existantes demeure constante (c'est-à-dire dans un état statique) et la diversité des valeurs d'un même agent économique lorsque la proportion générale des forces s'est modifiée et a nécessité l'ouverture d'une période dynamique, conduisant à une formule statique différente de la formule antérieure.

Cette solidarité des valeurs peut-être rattachée à une notion psychologique ; quelle que soit la diversité de leurs fonctions, de leurs résultats extérieurs immédiats les unités d'énergie économique apparaissent avant tout dans un état statique, comme des moyens de réalisation d'une même idée organisatrice d'ensemble. La constance des valeurs est basée sur la constance même de cette idée ; les changements de valeur sont liés aux modifications des ressources ou des buts.

La loi de la productivité, après avoir été considérée surtout dans ses rapports avec la rémunération du capital et du travail envisagés sous leur aspect permanent, en tant que quantités d'énergie économique, se trouve ensuite examinée dans ses rapports avec le produit des biens capitaux pris individuellement (1). Dans cet ordre d'idée, l'auteur s'attache surtout à démontrer que la rente, consistant essentiellement dans la quantité de produits (en nature) attribuables, à chacun des agents de production rentre nécessairement dans le prix. L'universalisation de l'idée de rente, qui embrasse toutes les sources de revenu (pouvant même s'appliquer aux salaires) entraine l'abandon de l'ancienne formule ; « rent is not an element in value » ; ce n'est pas l'existence de la rente mais seulement son attribution qui est indifférente au point de vue de la fixation du prix (p. 368-9).

(1) ch. XXII The Law of economic Causation applied to the Products of concrete Instruments, p. 334-53 ; ch. XXIII, The Relation of all Rents to Value and thus to group Distribution (p. 354-72).

C. — Essentials of economic Theory
as applied to modern Problems of Industry and public Policy (1)
New York Macmillan 1907 XI-561.

Cet ouvrage, annoncé déjà dans **Distribution of Wealth** a pour but de donner un bref exposé des lois du progrès économique.

(1) Ouvrage traduit en français par MM. Ouâlid et Leroy, Paris Giard et Brière 1911).

Les ouvrages publiés entre *Distribution of Wealth et Essentials of economic Theory*, sont :

Control of Trusts (Macmillan 1901 ; une 2e édition plus développée de cet ouvrage a été publiée en collaboration avec J. M. Clark) ; — *The Problem of Monopoly* (1904, Imprimerie de *Columbia University*).

Parmi les articles qui se placent dans cette même période on peut citer :

Trusts, Present and Future (The Independent, 20 Avril 1899); — *The Dynamic Law of Wages* (Yale Review Février 1899); — Disarming the Trusts (Atlantic Monthly, Janvier 1900; — *The latest Phase of the Trust Problem* (Gunton's magazine, septembre 1900) — *How not to Deal with Trusts* (The Independent, 25 avril 1901) : — *How to Deal with Trusts* (ibid 2 mai 1901); — *The Society of the Future* (ibid 18 juillet 1901); — *Wages and Interest as Determined by Marginal Productivity* (Journal of political Economy, décembre 1901) ; — *Concentration of Wealth* (The Independent, 1 Mai 1902); — *The Latent Phase of the Trust Problem* (The Natural Magazine, octobre 1902); — *Do we Want Compulsory Arbitration ?* (The Independent, 13 novembre 1902) ; — *The Dynamics of the Wages Question* (Annual meeting, American economic Association, décembre 1902) : — *What is compulsory Arbitration ?* (the National Magazine, Décembre 1902); — *Is Authoritative arbitration inevitable ?* (Political Science Quarterly, Décembre 1902); — *Is compulsory arbitration inevitable ?* (Public Policy, 10 Janvier 1903); — *Is Arbitration Praticable ? A Symposuim. A Plea for a Court of Arbitration* (Public Opinion, 14 janvier 1904); — *Monopoly and Tariff reduction* (Political Science Quarterly, septembre 1904); — *The real Dangers of Trusts* (Public Opinion, 20 Octobre 1904); — *The real dangers of the Trusts* (The Century Magazine, Octobre 1904) : — *Concerning the Tariff* (The Evening Post New-York 13 octobre 1904); — *Money, Interest Rate and Prosperity* (Moody's Magazine, Décembre 1905); — *Concerning The Nature of Capital* Q. J. O. E. t. XXI. 1906-07, p. 351-70).

Parmi les publications parues après l'ouvrage « *Essentials of Economic theory* » on peut citer :

The Relations of the Social Sciences : A Symposium (American Journal of sociology, Novembre 1907; — *Education and the Socialist Movement* (Columbia University Quarterly, Décembre 1908); — *The Part of organized Labor in the Arbitration Movement* (Report of the Lake Mohonk Conference 1908); — *The proper Rule for Tariff Reduction* (New-York Times, 10 Janvier 1909) ; *What is to be done with the trusts* (New-York Times 5 Décembre 1909); — *Present Day Socialism* (the congregationalist and christian world, 24 Avril 1 et 15 Mai 1909); — *The Cost of living : Prices and Income* (the Independent, 10 Mars 1910); — *The Claims of Socialism* (The Christian Endeavour World, 5 Mai 1910); — *An Economic View of War and Arbitration* (American association for international conciliation, Juillet 1910; — *The Economics of Waste and Conservation* (The Atlantic Monthly, Septembre 1910); — *Taxation and natural Law* (ibid, Octobre 1911); — *Taxation on Buildings* (New-York Tribune, 21 Novembre 1911) ; — *Land and Building Taxation*

L'idée générale dont il s'inspire dominait déjà l'ouvrage antérieur : les lois statiques ont une application générale et leur action
est aussi efficace dans une société qui subit des transformations
rapides que dans une société tout à fait immuable (Préface
p. VI).

L'ouvrage **Essentials of Economic Theory** contient d'abord une
synthèse des vues déjà énoncées dans « **Distribution of Wealth** »,
au sujet notamment de la division générale des faits économiques:
faits considérés comme universels, c'est-à-dire indépendants,
dans leur existence, dans leurs traits essentiels, de l'organisation
sociale (1) — faits d'organisation sociale statique (2) (étudiés en détail dans l'ouvrage antérieur), faits sociaux dynamiques compris
dans la troisième division « naturelle » de la science économique
et dont l'étude constitue l'objet principal de l'ouvrage qui va être
analysé.

Dans la partie préliminaire, on peut noter quelques précisions
au sujet de la théorie des utilités jointes ; l'évaluation d'un objet
qui possède plusieurs utilités s'établit selon la même loi que l'évaluation d'un ensemble de richesses distinctes vendues en une seule fois. (3).

Dans une étude destinée à servir de transition entre la théorie
statique et la théorie dynamique, l'indication précise de la fonction et de la rémunération de l'entrepreneur devait nécessairement
trouver sa place ; la fonction originale de l'entrepreneur ne consiste ni dans la possession du capital, ni dans la direction du travail mais dans la coordination du capital et du travail, fonction
active dans les périodes dynamiques, passive dans les périodes statiques ; le profit est un gain commercial, une différence entre les
valeurs successives de la force productrice achetée, puis reven-

(ibid. 1er Décembre 1911); — *Before Committee on Interstate Commerce
of United States Senate (Hearings,* 11-12 Décembre 1911; — *Dealing
with Trusts by Natural Methods* (The Journal of Commerce, 3 Janvier
1912; — *The Possibility os Competition in commerce and Industry*
(Annals of the american Academy of political and social Science, Juillet 1912); — *Economics for Children* (The Journal of Political Economy
Juin 1912); — *Review of « Theorie der wirtschaftlichen Entwickelung »*
by Joseph Schumpeter (American economic Review, Décembre 1912); —
The minimum Wage (the Atlantic Monthly, septembre 1913); — *The
economic Effects of War* (the Annalist, 4 Mai 1914); — *Economics of
War* (the Atlantic Monthly, Septembre 1915); — *Torrens System Reform
in Reality Procedure* (Wall Street Journal, 1915).
(1) v. ch. I Wealth and its Origin, p. 1-19; ch. II, Varieties of economic goods, p. 20-38 ; ch. III The Measure of Consumer's Wealth, p.
39-58 ; cp. *Distribution of Wealth,* ch. III, p. 26.
(2) v. ch. V-XI, p. 59-194.
(3) ch. VI, p. 103 ; la théorie des utilités jointes se trouve étudiée en
détail dans *Distribution of Wealth,* p. 212-30.

due par l'entrepreneur différence qui, par définition, n'existe pas dans une économie statique (1).

La communauté de principes directeurs affirmée dans **Distribution of Wealth** entre le salaire et l'intérêt soumis tous deux à la loi de la productivité spécifique (2), se trouve maintenue et laisse subsister la différence profonde de points de vue existant en matière d'intérêt, entre Clark et Bohm-Bawerk (3).

Au sujet de la théorie de la rente (4), l'auteur tout en rappelant les analogies existant entre les rentes subjectives de consommation et la rente objective du producteur estime que ces analogies ne peuvent compenser les différences capitales qui existent entre l'une et l'autre catégorie de phénomènes. L'appellation de rente doit être réservée à la contribution que les agents économiques concrets et matériels apportent à la production des richesses.

Quant à la théorie dynamique proprement dite, elle se rattache à l'économie psychologique, sinon par son objet direct, du moins par ses préoccupations, son esprit général, ses conclusions.

La préoccupation essentielle de l'auteur est de démontrer que si l'économie descriptive se renouvelle en même temps que le monde qu'elle décrit, il n'en est pas de même de la théorie économique (5), dont les principes sont universels. Les lois statiques ne changent pas, elles agissent seulement dans des conditions changeantes (6). En retraçant dans leurs caractères essentiels, dans les réactions qu'elles suscitent, les principales variations économiques, l'auteur se préoccupe des moyens les plus propres à sauvegarder l'action de la liberté économique qui peut seule assurer la réalisation de l'équilibre et du progrès.

Les lois économiques naturelles, qui assurent l'adaptation mutuelle, rapide, complète des forces économiques dans le sens du rendement le plus élevé, de la rémunération la plus égale (c'est à-dire la plus exactement proportionnée au service réel) tendent à s'appliquer non d'elles-mêmes, par une sorte de nécessité, mais

(1) v. ch. VII, Normal value, p. 114-27.
(2) v. ch. VIII, Wages, p. 127-145. The Law of Interest, ch. IX, p. 146-58.
(3) L'auteur rappelle dans la préface (p. X) l'opposition de vues existant entre lui et Bohm-Bawerk sur divers points (cette opposition s'est affirmée notamment au sujet de la notion de capital et de la théorie de l'intérêt).
(4) Rent, ch. X, p. 159-73 (v. en particulier p. 172-3 : la *Consumer's Rent* était au contraire admise dans *Distribution of Wealth* (ch. XV, p. 224-30, ch. XVI, p. 231-45.
(5) ch. XXX, Summary of conclusions, (p. 555-61, p. 555.
(6) p. 556 : Si le volume d'eau d'un lac se modifie, son niveau se modifie en conséquence, mais les lois d'équilibre qui ont déterminé le niveau antérieur, déterminent aussi le niveau ainsi transformé. C'est ainsi que des lois constantes régissent, à travers des conditions changeantes, les formules successives de l'équilibre économique.

sous l'action d'une concurrence vraiment libre On peut rappeler à cet égard la distinction faite déjà dans **Philosophy of Wealth** (p 65) entre la concurrence libre, stimulatrice de progrès et la concurrence destructive (la concurrence course et la concurrence combat).

Le rôle de l'Etat ne saurait donc consister dans l'application pu re et simple du laisser-faire, il doit discerner l'action des lois économiques naturelles et faciliter leur action, surtout en éloignant les obstacles qui s'opposeraient au développement de la concurrence libre.

Si l'on envisage dans leurs caractères propres les cinq catégories essentielles de changements économiques (changements dans la population, dans l'organisation industrielle, dans les désirs des consommateurs) il apparait que la richesse s'est accrue et tend à s'accroître plus rapidement que la population. Le perfectionne ment des méthodes ne parait pas être proche de son terme, dans l'ensemble l'élan du progrès économique ne donne aucun signe de ralentissement. Si l'on considère l'état des désirs des consommateurs, il apparait que le niveau de la vie économique s'est élevé non « sans coût mais à un coût décroissant » (p. 558). Le seul élément de progrès qui entraine avec lui un risque de regression consiste dans le progrès de l'organisation industrielle, d'où peut résulter le monopole, le plus grave danger qui menace l'avenir écomique de la société (p. 559). (1)

Il y a donc entre les préoccupations théoriques et les préoccupations pratiques une corrélation réelle : le développement de la liberté réalise à la fois, au point de vue pratique, le maximum d'utilité, d'équité et au point de vue théorique, le maximum d'intelligibilité dans le monde économique.

La liberté économique doit réaliser la rapidité dans l'adaptation et l'universalisation progressive de cette adaptation. La théorie statique était virtuellement universelle, la théorie dynamique ne peut embrasser qu'une partie de l'univers, celle dont la sensibilité aux influences économiques s'affirme la plus haute. Cette « société par excellence » étend de plus en plus ses limites et, au moyen d'annexions successives, devra comprendre le monde dans un seul organisme économique (p. 560). Ces tendances ne sont pas dans leur ensemble contraires à celles de l'économie classique, elles en sont surtout la mise au point, l'expression élargie, par suite d'une rectification des notions psychologiques de base.

Le rôle attribué d'abord à la liberté économique extérieure illimitée dans son étendue, bornée au contraire dans ses mobiles, se

_____

(1) L'auteur a consacré à la question des trusts un ouvrage important et de nombreuses publications mentionnées p. 39-40.

trouve dévolu à la liberté réelle, sauvegardée dans sa force effective de discussion, s'appliquant à l'ensemble des mobiles et des activités (1).

Si donc on a pu noter chez Clark, à l'occasion de l'ouvrage qui vient d'être étudié des tendances peu différentes de celles affirmées par l'économie traditionnelle, l'importance réelle du renouvellement que cet auteur a apporté dans la pensée économique ne saurait être méconnue. A travers l'étude des phénomènes dynamiques, il reste préoccupé avant tout de la théorie statique, envisage les changements dans leur caractère quantitatif et dans leur direction stabilisatrice. Cette préoccupation dominante du point de vue statique s'explique surtout chez Clark par le désir de sauvegarder le principe même d'une science économique ; souvent son désaccord apparent avec d'autres théories s'expliquera par le fait que les solutions opposées aux siennes se rapportent à un point de vue exclusivement dynamique (théorie de l'intérêt chez Fisher du salaire et du profit chez Walker et Hawley etc.)

Cette conception du point de vue statique et du point de vue dynamique clairement distingués l'un de l'autre, envisagés aussi dans leur connexion réelle ramenés à des termes d'organisation volontaire, d'action, se trouve intimement unie aux idées de Clark sur la valeur ramenée à un jugement collectif d'origine interpsychique dont il a d'abord énoncé le principe par ses propres moyens puis développé l'analyse plus loin quelle ne l'avait été jusqu'alors.

C'est surtout par l'ensemble des vues ainsi rappelées que s'affirme la contribution essentielle de Clark au développement de l'économie psychologique américaine.

(1) Parmi les études publiées sur Clark, à l'occasion de l'ouvrage *Essentials of Economic Theory*, on peut signaler l'article de Thorstein Veblen : *Professor Clark's Economies* (Q. J. O. E. t. XXII, 1907-8. p. 147-95), la préface de Oualid à la traduction française de l'ouvrage précité par Oualid et Leroy.

II. — Carver (Thomas Nixon) (1)

The Distribution of Wealth (2) (Macmillan, Londres et New-York 1904, traduction française, par Roger Picard, Paris Giard et Brière 1912 (VII. 240 p.)

L'étude du principal ouvrage théorique de Carver prend place après celle des ouvrages de Clark, à cause des analogies de direc-

(1) M. le Professeur Carver, né le 25 mars 1865 à Kirkville (Iowa), d'abord élève de Iowa Wesleyan University, puis de l'Université de la Californie du Sud, maître ès arts en juin 1891, étudiant à John Hopkins University de 1891 à 1893, à Cornell University en 1893-94 Docteur en Philosophie en 1894, a enseigné l'économie politique et la Sociologie à Oberlin Collège, de 1894 à 1900, comme professeur associé, puis comme professeur, avant d'être appelé à l'Université Harvard comme professeur assistant d'économie politique en 1900, comme professeur titulaire en 1902 (le diplôme de Docteur ès-lettres lui a été conféré en 1905 par Oberlin College). M. Carver a été directeur du Service de l'organisation rurale au Département de l'Agriculture des États-Unis ; comme on le verra plus loin, les questions d'économie rurale occupent à côté des questions d'économie pure une place importante dans l'ensemble de ses publications.

(2) Parmi les publications antérieures de Carver, se rattachant au même objet que l'ouvrage *Distribution of Wealth*, on peut mentionner: *The Place of Abstinence in the Theory of Interest* (Quarterly Journal of Economics, t. VIII 1893-94, p. 40-61 ; *The Theory of wages adjusted to recent Theories of Value* (Q. J. O. E. t. VIII 1893-94, p. 377-402; —*Malthus at the Hands of recent critics* (American Journal of Politics, Novembre 1894; — *The Ethical Basis of Distribution and its Applications to Taxation* (Annals of the American Academy of political and social Science, Philadelphie, vol. 6, 1895, p. 79-99; — *The Value of the Money Unit* (Q. J. O. E. t. XI, 1896-97, p. 429-35); — *Theory of Profits* (Q. J. O. E. t. XV, 1900-1901, p. 456-8); — *Clark's Distribution of Wealth* (Q. J. O. E. t. XV, 1900-1901, p. 578-602) — *Place of Theory of Value in Economics* (Q. J. O. E. t. XVII, 1902-1903, p. 185) ; — *Universal Law of diminishing returns* (Q. J. O. E. t. XVII, 1902-3, p. 335-6).

Parmi les publications de même nature, dont la date est postérieure à celle de l'ouvrage *Distribution of Wealth*, on peut citer : *Marginal Theory of Distribution* (Journal of Political Economy, Novembre 1903, p. 257-60); — *How ought Wealth to be Distributed*, (Atlantic, Juin 1906, p. 727-38); — *Concept of an Economic Quantity* (Q. J. O. E. t. 21, 1906-7, p. 427-48); — *The English Classical School of Political Economy* (Rivista di Scienza, Milan 1907); — *Machinery and Labour* (Q. J. O. E. t. XXII, 1907-8 p. 210-32; — *Davenport's « Value and Distribution »* Q. J. O. E. t. XXIII, 1908-9, p. 151-69 ; — *Diminishhing Returns and Value* (Rivista di Scienza 1909); — *Economic Significance of Changes in Country Population* (Annals of American Academy, Mars 1912, t. 40 p. 31-35) ; — *Principles of Political Economy* (Boston, Ginn 1918).

M. Carver a publié en outre plusieurs ouvrages et articles de sociologie et de morale (Sociology and social Progress, 1905, Boston, New-York; — *Essays in social Justice* Harvard University Press, Cambridge 1915; — *Nordau's Interpretation of History* (Q.J.O.E. t. 26, 1911-12, p. 519-22, etc) consacré aussi une partie appréciable de son activité scientifique aux questions d'économie appliquée et surtout à l'économie rurale (*Principles of Rural Economics*, Ginn, Boston et New-York 1911; Historical Sketch of American Agriculture (Macmillan, New-York);

tions essentielles, des différences multiples de points de vue qui se
sont manifestés entre ces deux auteurs, sur un sujet identique (1).

L'ouvrage **Distribution of Wealth** se rattache étroitement par
ses origines, à la controverse engagée vers 1890, poursuivie plusieurs années après, entre économistes américains, anglais, autrichiens au sujet de la valeur et de la distribution (2), discussions
relatées en grande partie dans le **Quartely Journal of Economics,**
qui eurent pour points de départ principaux la publication de Der
natürliche Werth de Wieser (1889) et de **Positive Theorie des Kapitales** de Böhm-Bawerk (1889) et qui devaient d'une manière générale contribuer très largement à développer l'activité de l'école
psychologique américaine.

Dans l'Introduction (3), l'auteur s'applique à préciser l'importance du point de vue psychologique en science économique. L'économie étant définie l'étude des efforts de l'homme pour acquérir de quoi vivre (4) son ordonnance générale doit être basée sur
une « classification des activités économiques » (5). L'auteur s'arrête donc à la division de l'économie politique en trois parties :
étude des efforts appliqués à la production étude de la consommation c'est-à-dire de l'utilisation des richesses, analyse de l'évaluation (6). Cette dernière partie, qui comprend la théorie des prix

---

— Work of Rural Organization (Journal of Political Economy. t. XXII.
Novembre 1914, p. 821-44, etc). Pour la documentation de cette partie
de son œuvre, Carver a utilisé, outre son expérience personnelle d'ex-
ploitant agricole, diverses enquêtes sur la vie rurale auxquelles il a
procédé lui-même depuis 1902 dans la plus grande partie de l'Europe
(France, Italie, Suisse, Belgique, Hollande, Allemagne) et dans les
Etats de l'Ouest. Le champ étendu sur lequel se déve'oppent ses publications, rappelle les attaches philosophiques si directes de l'enseignement économique aux Etats-Unis ; il rappelle aussi la situation exacte
de l'économie psychologique, qui apparaît avant tout comme un rapprochement entre la science et la vie économique ; le contact permanent des principaux représentants de l'économie psychologique avec les
faits est un témoignage de ce rapprochement.

(1) Carver a exposé ses vues sur la théorie de la Distribution de
Clark dans un article du Q. J. O. E. (Clark's Distribution of Wealth t.
XV. 1900-01. p. 578-601 où se trouvent déjà indiqués entre les conceptions respectives de ces deux auteurs, les rapports et les différences qui
seront notés au cours de l'étude de la théorie de Carver.

(2) v. Préface p. V (édit. française).

(3) p. 1-5.

(4) L'auteur rapproche cette définition de celle donnée dans les Principles of Economics de Marshall (5e édit. vol. I liv. I, ch. I, p. 1) : l'économie politique ou économique consiste dans l'étude de l'humanité
dans les occupations ordinaires de la vie.

(5) p. 2.

(6) Dans l'article précité consacré à la théorie de Clark, l'auteur re-
prochait à ce dernier une division trop conceptuelle de la science économique. La division prétendue naturelle en lois universelles, économie sociale, statique, économie dynamique, puise sa base dans l'intérêt
de l'exposition, non dans les faits : — Carver rappelle ici que le caractère concret de la science économique, directement attachée à l'explication des phénomènes tels que l'expérience nous les fait voir, ne per-

et de la distribution est celle qui doit faire la plus large part à l'élément psychologique. Si la science économique dans son ensemble n'est pas « en premier lieu une science psychologique » (p. 39), si elle doit avant tout se défier de l'abstraction et s'attacher à l'explication concrète des faits, la réalisation même de son but positif l'amène à devenir dans l'étude de la valeur sous toutes ses formes, une analyse « des motifs qui dirigent les actions des hommes dans l'achat et la vente » ; le recours à l'observation psychologique, aussi indispensable que l'observation objective ne communique pas à la méthode suivie un caractère déductif ; la théorie demeure inductive, sur l'un comme sur l'autre terrain. Elle utilise seulement, sur divers points, des faits d'expérience commune tenus pour certains et ne nécessitant pas de recherches particulières.

La théorie de la distribution proprement dite (étude du prix des services producteurs) est précédée d'une théorie générale de la valeur, c'est donc la troisième division de la science économique qui se trouve, dans son entier, quoique avec des développements inégaux, comprise dans la répartition des richesses.

La théorie de la valeur (1) se trouve chez Carver, comme chez l'ensemble des économistes de tendances psychologiques, rattachée au désir. Si la valeur peut être définie par son résultat extérieur : le pouvoir d'achat (p. 8), elle a pour origine le désir relatif que l'on a d'une chose, par comparaison avec d'autres (p. 11) ; pour être désiré un objet doit non seulement servir à la satisfaction d'un désir mais être rare, c'est-à-dire exister en quantité inférieure aux besoins (p. 16).

La théorie de l'utilité marginale, à laquelle l'auteur se rattache (p. 16-26), en rendant intelligible le lien continu existant entre le désir et la valeur, met en lumière l'inadaptation initiale de l'homme et de son milieu, source initiale des antagonismes sociaux ; l'industrie constituant dans son ensemble l'effort progressif de réadaptation de l'homme à son milieu (p. 28 note.)

Une divergence de vues se manifeste entre Carver et Clark au sujet de la rente du consommateur basée sur les utilités jointes (2); ce n'est pas l'exactitude de l'analyse de Clark qui est discutée mais son utilité pour l'éclaircissement de la théorie de la valeur. La valeur d'un objet, envisagée dans sa sanction économique n'est « que le nombre des autres choses contre lesquelles on l'échange

met pas qu'elle soit divisée en théories statique et dynamique (p. 4). C'est le principe de l'abstraction isolatrice, considérée comme nécessaire chez Clark qui se trouve contesté, l'auteur estimant que la science économique doit aborder directement les faits dans leur dynamisme réel.

(1) ch. I La Valeur, p. 7-48.
(2) v. Clark : *Distribution of Wealth* (ch. XVI, p. 231-45.

ra » (p. 48), pour reprendre l'exemple de Clark, si l'achat d'un canot représente en effet un surplus subjectif de désirabilité, les choses abandonnées ou obtenues en échange de ce canot permettent de réaliser aussi un surplus, l'opération précise de l'achat du canot n'a donc pas pour résultat direct, le gain indiqué. Cette différence existant entre l'urgence réelle du désir, (maximum virtuel de la valeur) et le niveau de la valeur est un résultat qui ne peut être rattaché par un lien de cause à effet à chacune des opérations à l'occasion desquelles il se manifeste. Il a une cause plus générale, résulte en somme de l'effort économique collectif, permet de mesurer le progrès réalisé dans l'adaptation du milieu à l'ensemble des désirs (1).

Dans le chapitre II, consacré aux rendements décroissants (2), l'auteur met en lumière l'importance des facteurs psychiques dans le développement des ressources productrices. Si l'accroissement de la quantité de travail au milieu de ressources productrices matérielles constantes tend à diminuer la productivité du travail toutes choses égales d'ailleurs il est peu à présumer qu'un état stationnaire de l'habileté industrielle puisse coexister avec une densité croissante de la population, « la simple réunion des hommes ensemble tend à exciter l'activité mentale et à accroître l'esprit d'invention par la multiplication des suggestions » (p. 84). L'abondance de l'invention, l'efficacité de l'imitation décident donc en dernier ressort de l'allure progressive ou régressive d'une société économique.

Le chapitre III sur les formes de la richesse et du revenu (p 88-113) amène l'auteur à discuter la théorie de Clark sur le capital pur et les capitaux biens. Le capital se mesure par sa valeur mais il n'est pas la valeur pas plus « que le charbon n'est le poids » (p. 102) (3). Le capital consiste en un ensemble d'objets matériels produits par l'effort humain et employés pour la production d'un revenu (p. 103).

(1) Clark a, dans *Essentials of Economic Theory*, (ch. X, p. 172-3), renoncé à l'assimilation du surplus du consommateur à une rente.
(2) ch. II, p. 49-87.
(3) v. p. 101-3 ; à ce sujet l'auteur indique l'importance d'une notion claire de quantité économique ; ses vues sur ce point se trouvent exposées d'une manière détaillée dans the concept of an economic quantity (Q. J. O. E. t. XXI 1906-7, p. 426-48). Dans cet article, l'auteur développe notamment les vues indiquées (p. 101) ds Distribution of Wealth sur le caractère économique exact de la monnaie, qui peut être ainsi résumé : « une quantité de monnaie est une quantité de valeur » ; l'utilité de la monnaie se trouve, à l'égard de sa quantité, dans un état de sujétion plus étroite que ne l'est celle de l'utilité des autres richesses au regard de leur valeur, parce que l'utilité de la monnaie n'a pas pour base une qualité physique, mais un pouvoir d'échange. (En réalité le cas de la monnaie ne fait peut-être que mieux apparaître un aspect de la solidarité qui existe toujours entre les causes respectives de variation des valeurs d'usage et d'échange).

En rejetant le concept dualiste de capital, Carver refuse en même temps d'admettre l'universalité de ce concept qui, chez Clark, comprenait tous les instruments de production, même la terre. D'ailleurs, c'est en économie statique seulement que l'identification de tous les instruments de production avait pu être demandée, l'attitude initiale de méthode qui implique un contact direct avec l'économie dynamique entraine d'elle-même le maintien d'une distinction entre les agents de production naturels et artificiels (bien que cette distinction soit moins accusée chez Carver qu'elle n'était dans l'Économie classique). Il y a donc quatre catégories réellement distinctes de services et de revenus qui seront successivement étudiées : salaire, rente, intérêt, profit.

Le salaire (1) se trouve rattaché au principe général de la valeur, à la productivité marginale, le coût de production du travail agit sur la productivité marginale et par suite sur le salaire ; l'auteur constate que c'est Malthus qui a le premier mis en lumière le caractère psychique (2) d'un élément important du coût du travail (**le standard of life**).

La même loi de productivité marginale s'applique à la rente du sol (3), que l'on ne saurait expliquer par les différences de productivité. L'intérêt se trouve (4) en vertu de la même direction d'ensemble expliqué par la productivité marginale du capital (5) ; l'existence d'une productivité marginale implique une limitation de l'offre, limitation qui s'explique par ce fait que « en règle générale, les hommes n'aiment pas attendre » (p. 189). L'auteur discute à ce sujet et corrige sur plusieurs points la théorie de Bohm-Bawerk, combat la généralité de la proposition de cet auteur sur la supériorité de valeur des biens présents sur les biens futurs : l'intérêt correspond seulement à l'escompte marginal, au sacrifice marginal d'épargne (p. 198). La conclusion de l'auteur est que « les théories de la productivité et du sacrifice de l'intérêt doivent s'harmoniser d'une façon très semblable à celle dont s'accordent les théories du coût et de l'utilité de la valeur » (p. 212).

Le profit consiste dans la différence entre la productivité marginale des agents groupés dans une entreprise industrielle et le prix d'achat de ces facteurs, le second terme étant en général inférieur au premier. Distingué comme chez Clark, du revenu des biens et du salaire de direction, le profit s'explique uniquement par le pouvoir commercial supérieur de l'homme d'affaires, il ne

(1) ch. IV, p. 114-54.
(2) p. 144.
(3) ch. V, p. 155-76.
(4) ch. VI, p. 177-213.
(5) v. spécialement p. 182 ; la somme que l'utilisation d'un capital ajoute au revenu de l'emprunteur mesure approximativement celle qu'il est disposé à payer pour s'en assurer l'usage.

correspond pas à une contribution productrice effective (p. 216).
Parmi les causes principales qui expliquent le surplus de l'entrepreneur on doit mentionner sa connaissance supérieure de la situation du marché, des forces productives de sa propre industrie
et par suite de la productivité marginale réelle des divers facteurs ainsi que l'existence objective du risque. Une longue stabilité industrielle permettrait de diminuer les sources du profit
industriel, en rendant possible la connaissance exacte, générale
de la productivité des facteurs, en atténuant les risques objectifs et
par suite en diminuant l'attrait des rémunérations fixes. Entre cette conception générale du profit et celle de Clark on peut signaler
à travers des différences importantes (entre autres l'exclusion de
la rémunération du risque chez Clark, qui en fait l'objet d'une
assurance, explicite ou implicite) une concordance de conclusions
générales : le profit est une rémunération dynamique qui tend à
s'éliminer dans la mesure où se réalise l'équilibre économique,
c'est-à-dire l'adaptation exacte des activités et des désirs.

III Patten (Simon, Nelson) (1)

Les Fondements économiques de la Protection (trad. française
sur la 2ᵉ édit. par F. Lepelletier, préface de Cauwès, Paris, Giard
et Brière 1899) (XIII-215 p.).

L'ouvrage sur les Fondements économiques de la Protection,
constitue un essai d'application des théories psychologiques de la

---

(1) M. le Professeur Patten, originaire de l'Illinois, Docteur en Philosophie de l'Université de Halle (Allemagne) élu professeur d'Economie politique de l'Université de Pennsylvanie en 1888, s'est retiré de
l'enseignement en 1917. Son action, jointe à celle des professeurs Clark
et Giddings a, dans une mesure appréciable, contribué à déterminer
la direction déductive, psychologique prise par l'école économique américaine, qui semblait d'abord devoir incliner vers l'historisme (v. Patten : The Reconstruction of economic Theory, Annals of american Academy of political and Social Science, Novembre 1912, p. 4 ; — dans la
préface de *Distribution of Wealth*, M. le Professeur Clark rappelle cette
collaboration d'efforts).
   L'American economic Association a été dès le début de son fonctionnement (en 1885) l'un des principaux instruments de cette action commune. Des divergences profondes existent cependant entre les conceptions économiques respectives de Clark et de Patten, comme l'indiquera
suffisamment un bref exposé des tendances affirmées dans l'ensemble
de l'œuvre de ce dernier. — Dans son premier ouvrage : *The Premises of Political Economy* se manifeste l'influence de Stuart Mill, qui
n'a cessé d'être très grande sur l'auteur (v. *The Reconstruction of economic Theory*, Annals of american Academy, Novembre 1912, p. 1-4) ;
cette influence est du nombre de celles qui ont contrebalancé chez l'auteur l'influence de l'économie nationale et de l'historisme des universités allemandes L'importance économique des habitudes nationales de

valeur et de la distribution. La doctrine classique du libre échange etait solidaire de la psychologie abstraite, des conceptions individualistes, statiques, cosmopolites qui avaient trouvé leur expression résumée dans la formule de la valeur-coût. Les idées qui ont inspiré cette interprétation générale des faits economiques trouvaient leur suggestion initiale, leur point d'appui dans l'évolution sociale du XVIIIᵉ siècle, marquée par l'interpénétration des

consommation se trouve déjà fortement mise en relief dans cet ouvrage. La même idée fondamentale est développée dans *The Consumption of Wealth*. Elle sera au nombre des donnees fondamentales de l'ouvrage *The Economic Basis of Protection*, qui va être spécialement étudié. Dans *Dynamic Economics*, se trouve mis en relief le pluralisme de Patten, opposé au « monisme » de Clark ; l'économie dynamique au lieu d'être envisagée comme une transition entre deux modèles statiques successifs, a un intérêt propre, définitif : statique et dynamique sont deux termes également fondamentaux, aucun des deux ne dérive de l'autre, (*The Reconstruction of economic Theory*, Annals of american Academy, p. 4).

Cette notion dynamique et pluraliste se manifeste notamment dans la théorie de la Distribution : la rente, le salaire, l'intérêt, le profit constituent des fonds complexes de revenus ayant des sources et des lois différentes.

V. *Some Explanations relating to the Theory of dynamic Economics* (Q. J. O. E. t. VII, 1892-3 p. 177-86).

The Interpretation of Ricardo peut être considérée comme constituant dans une certaine mesure un essai d'histoire psychologique ; l'auteur considère que les théories fondamentales de Ricardo ont réfléchi ses sentiments nationaux, généralisé des directions répondant aux intérêts de la classe sociale qu'il représentait (v. *The Interpretation of Ricardo*, (Q. J. O. E. t. VII, 1892-3, p. 322-52). L'économie de Ricardo est avant tout une économie industrielle (comme celle de Malthus a été une économie rurale) On peut voir dans cette méthode générale d'interprétation une indication des tendances pragmatistes de Patten. L'ouvrage *Development of English Thougt* constitue sur un champ plus étendu, un essai de même nature.

Dans *The Theory of social Forces*, l'auteur insiste sur le lien qui unit toute théorie de philosophie sociale à une idée psychologique de base. L'ancienne philosophie sociale avait trouvé son point d'appui dans les doctrines de Locke et de Hume ; ces idées de base ont dû être révisées; des conditions de vie nouvelles ont fait apparaître l'insuffisance explicative des théories qu'elles avaient suggérées. Il est donc nécessaire de fonder une nouvelle philosophie sociale sur des bases psychologiques mieux établies, de mettre en lumière des aspects de la vie psychique inobservés jusqu'à ce jour.

La *Theory of Prosperity* est une étude du revenu, tel qu'il se trouve déterminé par la combinaison et le conflit des influences économiques et des influences héréditaires. Parmi les idées essentielles de cet ouvrage on peut noter le rapport établi entre la production et la consommation, qui sont l'une à l'autre moins comme le moyen à l'égard de la fin que comme les phases d'une série continue d'actions et de réactions. L'utilité est productrice d'énergie, comme l'énergie de travail est productrice d'utilité (v. passage cité par Seager : *Professor Patten's, Theory of Prosperity*, Annals of the american Academy of political and social science, Mars 1902, p. 82). L'utilité n'a pas pour rançon nécessaire un effort douloureux ; si la production et la consommation sont maintenues l'une et l'autre dans leurs conditions normales d'adaptation, la série des actes économiques se poursuit sans peine proprement dite, sans douleur. C'est le point de vue hédonistique. L'un des signes

nationalités ; en Angleterre leurs conclusions concordaient avec les intérêts économiques nationaux (1).

Le nationalisme économique, lui aussi d'inspiration pragmatique repose du moins sur une information plus complète et sur une conception psychologique plus vraie. La conclusion de la théorie de l'utilité marginale est en effet, avant tout, dynamique. La valeur de la richesse ne peut être soutenue que par la diversification de ses formes, l'effort producteur doit se renouveler par un continuel essor inventif. Le but de l'activité économique consiste dans une adaptation aussi profonde que possible des désirs et des forces, cette adaptation, pour être vraiment complète ne doit pas être une mais diverse dans ses formules, modelée d'après les ressources du caractère et du milieu.

L'état statique, apparait non comme un état d'harmonie économique dont la réalisation doive être désirée, poursuivie, mais au contraire comme un état d'épuisement des ressources inventives, marqué par la nécessité de pourvoir à tout besoin nouveau par un appel à des richesses ou à des efforts moins productifs, c'est en somme l'état d'une société livrée à l'action de la loi du **diminishing return**. Un ensemble de nationalités s'efforçant de réaliser chacune leur propre civilisation constituera donc un monde économique plus riche que ne pourrait l'être une société basée sur l'homogénéisation des tendances et la division internationale du travail. Si le dynamisme national a ainsi le caractère d'une vérité générale à plus forte raison s'impose-t-il à une nation dont les possibilités de progrès sont aussi nombreuses que celle de l'Amérique (p. 15).

On peut résumer les résultats du libre échange en disant qu'il tend à transformer un groupe dynamique en groupe statique, à di-

les plus certains du progrès social sera la réalisation du maximum d'énergie (*The Reconstruction of economic Theory*, ch. XV, p. 88).

La théorie de l'intérêt, rattachée en dernier ressort à la consommation, s'explique surtout par le désir progressif de variation dans les richesses, plus la quantité de richesses existantes est grande, plus la valeur de ces richesses par unité est grande aussi. Un surplus de valeur se trouve ainsi créé lorsque l'on va d'une consommation plus réduite à une consommation plus abondante et par suite plus harmonieuse. C'est ce surplus de valeur qui est la source de l'intérêt (*Theory of Prosperity*, v. p. 100 et 102 cité par Seager, *op. cit* p. 89). Cette explication ne contredit pas la théorie marginale; l'accumulation d'une série de biens identiques a pour résultat normal de diminuer la valeur de ces biens, mais l'accumulation d'une série d'unités de richesse combinées sous des formes variées, donne un revenu psychique progressif.

Parmi les études consacrées aux idées économiques de Patten, on peut citer : Seager « *Professor Patten's Theory of Prosperity* (Annals of the American Academy of political et social Science, Mars 1902, p. 74-90), Cauwès, Préface à la traduction française des *Fondements économiques de la Protection*.

(1) p. 204-212.

minuer ses perspectives de perfectionnement. La spécialisation du travail et de la terre sont contraires à la loi de développement de l'un et de l'autre (1). Lorsque les formes de production sont peu variées, toute perturbation dans le régime de la production, toute augmentation dans les disponibilités de main-d'œuvre (soit par accroissement de population, soit par suite d'une invention qui rend momentanément sans emploi une partie de la main d'œuvre existante), se traduit par un afflux de travail vers des emplois de moindre productivité d'où, en vertu du nivellement de toute valeur au niveau du moindre service, une baisse des salaires jusqu'à ce que la réadaptation économique se soit effectuée.

Une politique économique basée sur le développement des activités productrices sur l'encouragement des industries même momentanément déficitaires qui répondent à des désirs encore incomplètement éveillés permet seule de maintenir pendant les périodes de transitions, le niveau des salaires (v. ch. VIII p. 111-14). Elle permet aussi aux salaires, en période de prospérité économique de profiter d'une partie importante des avantages résultant de la supériorité des terres et de l'outillage industriel nationaux. En même temps qu'une productivité plus grande du travail, le protectionnisme assure une productivité plus complète des terres, dont la fertilité dépend de la rotation des cultures et s'épuise si on veut l'intensifier dans une direction invariable ; ainsi s'atténue l'action des monopoles naturels et se trouve conjurée l'entrée en vigueur de la loi satique de la rente (2).

Le nationalisme économique de Patten peut se ramener à une affirmation de solidarité entre les forces économiques et l'ensemble des forces sociales ; on ne peut juger du résultat d'un acte économique (notamment d'un échange international) par le profit pécuniaire qu'il donne aux individus qui l'ont accompli. Le point de vue pécuniaire, lepoint de vue individualiste s'effacent l'un et l'autre devant une question plus haute, celle de l'influence de l'ac-

---

(1) Autant que son erreur psychologique, l'auteur reproche à l'économie classique la méconnaissance de la loi de diversité successive dans la production agricole (v. ch. III, p. 22; ch. IV, p. 38); l'économie classique a exagéré l'importance du machinisme, méconnu le prix de l'utilisation, beaucoup plus essentielle cependant des ressources du milieu naturel (au sujet de l'influence qu'a exercée sur le développement de la pensée de l'auteur, l'étude de la vie rurale dans l'Illinois v. Seager, *op. cit.* p. 77).

(2) v. ch. V, p. 73-74. En période statique, la rente est suscitée par la nécessité de cultiver les terres les plus pauvres, sous la pression d'une population plus dense. Une société dynamique ignore cette forme de rente, mettant progressivement en culture les terres les plus difficiles et les meilleures ; mais la productivité des terres augmente plus lentement que celle des autres facteurs et donne lieu par suite à une rente proportionnelle à l'infériorité de taux de leur accroissement de productivité.

le accompli sur l'état des forces, non seulement actuelles mais futures, sur les forces en formation utilisables pour la réalisation incessante du progrès économique.

Les vues inspirées par l'intérêt individuel, loin d'avoir cette infaillibilité prétée aux décisions de l'**homo œconomicus,** sont souvent courtes et étroites, vont dans le sens du moindre effort et du plus grand profit momentanés ; la politique active qui doit se substituer, à l'égard du commerce international comme de toutes les autres formes de l'activité économique à l'application pure et simple du **laisser faire** repose en définitive sur la substitution au critérium pécuniaire d'un critérium psychique pour l'appréciation des résultats et l'orientation des activités.

En même temps que la discipline des activités, la politique active a pour résultat la discipline des désirs ; si les ressources naturelles d'un pays doivent être organisées de manière à assurer complètement sa subsistance, la consommation doit s'adapter à l'état de la production nationale (1). La diversification simultanée harmonieuse de l'une et de l'autre a, entre autres résultats, celui d'éviter, au cas d'augmentation ou de diminution des ressources productrices sur un point déterminé, une élévation ou un abaissement excessif des valeurs.

C'est en se pénétrant d'une psychologie plus vraie, en reconstituant le lien qui unit la valeur au désir que la science économique arrive à une conception plus haute de l'intérêt, cherché non dans la plus grande somme de profits ou de plaisirs individuels mais dans la réalisation du plus haut degré de civilisation, c'est-à-dire d'intelligence et d'énergie (2).

L'ensemble des idées qui viennent d'être exposées sommairement constitue une reconstitution originale de l'économie nationale, si au point de vue des tendances ce système appelle la comparaison avec les idées de List et de Carey, il s'inspire de considérations qui le distinguent profondément de ces doctrines.

La théorie psychologique de la valeur ne saurait être considérée comme solidaire du programme d'action économique qui vient d'être exposé à grands traits ; l'essai de démonstration pratique contenu dans les **Fondements de la Protection** a du moins une signification théorique importante (3) et met en lumière quelques uns des traits essentiels de l'économie psychologique : allure dynamique des jugements de valeur, nécessité de la variation de l'effort

(1) v. ch. XII : La consommation des richesses p. 166-184.
(2) v. ch. XIII : Le critérium d'une production efficace, p. 188, cp. *The Reconstruction of economic-Theory* (Annals of american Academy, Novembre 1912, p. 88).
(3) v. Cauwès, préface à la traduction française des *Fondements économiques de la Protection*, p. II.

solidarité affirmée entre les faits économiques et toutes les autres
formes de l'activité humaine.

IV. --- Walker (Francis A) (1)

The Wages Question
(a Treatise on Wages and the Wages Class (Londres Macmillan
1882 ; (IV-429 p.)
Political Economy (Londres, Macmillan 1885 (IV-490 p.)

Walker se rattache à l'économie psychologique surtout par sa
théorie des salaires (2), théorie « philosophique » et réaliste à la

(1) Francis Walker, né et mort à Boston (1840-97), gradué d'Amherst-
College en 1860 — général pendant la guerre de Sécession des Etats-
Unis — surintendant du *Census* en 1870 et 1880 — professeur d'économie politique et d'histoire à Yale College (à partir de 1872) — président
de l'*American economic Association* (1885) — a exercé sur le mouvement économique contemporain une action qui se trouve retracée par
M. le Professeur Taussig, dans les termes suivants : « Ce distingué
soldat, savant et administrateur, inspire à juste titre plus que du respect à ceux qui ont été ses collaborateurs dans les branches si variées
de son activité. En ce qui concerne son œuvre d'économiste, que les
doctrines et les mesures dont il s'est fait le défenseur doivent ou non
résister toutes à l'épreuve du temps, personne ne peut contester que
l'indépendance et la vigueur de sa pensée n'aient puissamment stimulé
la discussion à une époque où les pays de langue anglaise s'étaient
laissés gagner par un état très voisin de la stagnation, et que ses écrits
ne marquent sous bien des rapports le commencement d'une période
nouvelle, plus active ». (*Wages an Capital* p. 289-90).... « la théorie générale de la distribution soutenue par Walker, obtint une adhésion et
exerça une influence probablement plus générales que ne l'avait fait
aucune autre publication de langue anglaise, depuis John Stuart Mill»
(ibid p. 298-9).
Parmi les ouvrages économiques de Walker, autres que ceux énumé-
rés ci-dessus, on peut citer : *Statistical Atlas of the United States* 1874,
Money, 1878; — *Money, Trade and Industry*, 1879; — *Land and its Rent*
(1883); — *The Source of Business Profits* (Q. J. O. E. t. I, 1886-87, p. 65 ;
— *The eleventh Census of the United States* (Q. J. O. E. t. II, 1887-88,
p. 135; — *A Reply to Mr. Macvane on the Source of Business Profits*
(ibid p. 263); — *Protection and Protectionits* (Q. J. O. E. t. IV, 1889-90.
p. 245-75); — *The Doctrine of Rent and the residual claimant Theory
of Wages* (Q. J. O. E. t. V. 1890-91. p. 417-37) ; — *Dr Böhm-Bawerk's
Theory of Interest* (Q. J. O. E. t. VI, 1891-91), p. 399-416); — *Value of
Money* (Q. J. O. E. t. VIII 1893-94 p. 62-76; — *The Quantity Theory of
Money* (t. IX, 1894-95, p. 372-9.
Parmi les études consacrées à Walker, on peut citer l'article relatif
à cet auteur dans le *Dictionary of political Economy* de Palgrave (Londres Macmillan 1899); — Taussig, *Wages and Capital* (p. 289-99); —
¶Patten : *President Walker's Theory of Distribution* (Q. J. O. E. t. IV
1889-90, p. 34-49); — *Dunbar, the Career of Francis Amasa Walker* (Q.
J. O. E. t. XI, 1896-7. p. 436-48).
(2) La théorie des salaires, point de départ de la théorie de la distribution chez Walker, se trouve exposée pour la première fois dans un
article de la *North American Review* (2 janvier 1875) ; elle est ensuite

fois, basée sur l'étude directe de la vie économique américaine.
La théorie du fonds des salaires « ne peut jamais être vraie » (1) :
quand elle suppose la rémunération du travail fixée d'avance dans
son chiffre total — dividende invariable qui aurait pour diviseur le
nombre d'ouvriers, le quotient (salaire individuel) devant être di-
minué à chaque accroissement du diviseur — elle s'arrête à une vue
superficielle de l'industrie.

Si les salaires sont avancés sur le capital existant ils sont réellement payés sur le produit du travail. C'est ainsi que dans certaines régions des Etats-Unis au milieu et parfois encore dans le dernier quart du XIXᵉ siècle, lorsque le capital acquis était peu abon-
dant, eu égard à l'activité, aux perspectives économiques, les salaires n'étaient payés qu'à la fin de l'année, les ouvriers recevant
seulement dans le cours de l'année diverses avances (2) qui en général n'excédaient pas le tiers et rarement atteignaient la moitié
du salaire stipulé. L'expérience séparait ainsi d'elle-même deux
questions confondues à tort : date du paiement du salaire, importance, source réelle de ce salaire. L'insuffisance du capital aurait
pour résultat de faire différer le paiement mais non de réduire la
valeur du salaire. Les faits ont donc justifié la théorie prospective
psychologique du salaire, fixé par le service, non par le coût. Cette idée générale en même temps qu'elle éloignait Walker de l'école anglaise, tendait à le rapprocher de la tradition française (3) ;
elle devait aussi servir de base à une théorie américaine de la distribution commune, notamment, dans ses grandes lignes, à Walker et à Clark.

Le salaire étant déterminé par le produit du travail, le travailleur tend, sous un régime de libre concurrence à devenir le « residual claimant ». La signification de cette formule est la suivante :

développée dans l'ouvrage *The Wages Question* 1882 reprise dans le
traité d'économie politique 4e partie ch. V, p. 259-87, 6e partie, ch. VI,
p. 377-384, elle se trouve défendue sur divers points dans *The Doctrine
of Rent and the residual Claimant Theory of Wages* (Q. J. O. E. t. V
1890-91. p. 217-37).

(1) *The Wages Question*, 1re partie, ch. IX, p. 150.

(2) *op. cit.* 1re partie, ch. VIII, p. 135-37.

(3) Dans son traité d'économie politique, Walker, rappelant l'attitude
prise par Jevons, dans le conflit qui, au sujet de la question des salaires, s'est particulièrement accusé entre les deux traditions anglaise et
française. appuie la conclusion de Jevons en faveur de l'école française,
en rappelant que l'étude complète à laquelle il s'est livré lui-même sur
l'histoire de la théorie du fonds des salaires lui a permis de se rendre
compte que pas un seul économiste français n'avait été atteint par cette
fausse doctrine. (p. 266). D'une manière générale, les références aux
économistes français sont assez fréquentes dans l'œuvre de Walker. La
formule de la productivité se trouve notamment rapprochée d'un passage de Cherbuliez cité dans *The Wages Question*, p. 131 : « elle (la rémunération du travail) doit être avancée par le capitaliste et se retrou-
ver, par conséquent, dans la valeur du produit obtenu » (*Précis de la
Science économique.*)

après déduction de la rente, de l'intérêt et du profit, l'entier produit appartient aux travailleurs et constitue leur salaire. Dans la mesure où, par leur énergie au travail, leur économie dans l'usage des matières premières, par leur soin dans le maniement du produit une fois terminé, la valeur de ce produit se trouve augmentée l'accroissement de valeur ainsi obtenu leur est acquis par le simple jeu des lois naturelles, pourvu toutefois que la concurrence soit pleine et libre. Toute invention mécanique, toute découverte chimique, quel qu'en soit l'auteur, leur profite directement et immédiatement excepté dans la mesure où un monopole limité peut être créé par la loi pour encourager l'invention et la découverte. Ce n'est que par l'effet de leur négligence dans le soin de leurs propres intérêts ou de lois injustes, ou encore de coutumes sociales injustes ayant force de loi qu'un copartageant nouveau pourrait élever quelque réclamation sur le produit industriel ou que l'un quelconque des trois copartagants déjà indiqués pourrait obtenir quelque chose de plus que sa part normale (1).

La part normale des autres copartagents est basée sur leurs contributions respectives : demeuré attaché au principe de l'ancienne théorie de la rente, Walker considère ce revenu comme n'affectant pas le salaire, parce qu'il demeure hors du coût de production, représente l'excédent de produit des terres privilégiées (**Political Economy** p. 263). L'intérêt ne saurait dépasser les limites dans lesquelles le concours du capital augmente le produit et souvent par suite de la concurrence des capitalistes, c'est seulement une très petite partie de cet excédent de produit qui est attribuée à l'intérêt (**op. cit** p. 263-4. Quant au profit, malgré l'importance de la fonction économique de ''entrepreneur, (que l'auteur croit avoir été sous estimée en général par les économistes de langue anglaise) il a une nature analogue à celle de la rente, il n'entre donc pas dans le prix des produits ; le coût de production s'établit en l'état de l'entreprise sans profit. Ainsi, les entrepreneurs exceptionnellement doués obtiennent seuls un profit, constitué par le produit supplémentaire résulté de leur action et non prélevé sur la rémunération du travail (**op. cit** 265) (2).

(1) v. *Political Economy* p. 266. Cette formule se trouve, dans l'ensemble, reconnue par l'auteur conforme à celle de Jevons : « les salaires d'un travailleur coïncident finalement avec ce qu'il produit, après déduction de la rente, des impôts et de l'intérêt du capital » (passage cité dans *Political Economy* (p. 266). On doit retenir le soin avec lequel l'auteur subordonne l'application de cette loi à la vigilance des intéressés (v. également dans ce sens *The Doctrine of Rent* (Q. J. O. E.,1890-91, p. 417-8).

(1) On s'est préoccupé de déterminer les rapports exacts de cette théorie avec la théorie de la productivité marginale de Clark. Comme l'indique Clark (*Distribution of Wealth*, p. 204-5, la théorie résiduelle appartient à l'économie dynamique, elle implique l'hypothèse d'un concours de circonstances ayant pour résultat d'augmenter la productivité du

La théorie de la distribution puisée ainsi dans l'observation des faits économiques, entrainait logiquement une adhésion à la théorie psychologique de la valeur : dans **Political Economy**, la théorie de l'utilité finale de Jevons se trouve acceptée (p. 99) elle est d'ailleurs combinée avec la notion de coût, le prix du marché est conforme à l'utilité finale, le prix normal correspond au coût de production (p. 106) (1).

L'ensemble de la théorie de la valeur reste donc, sur des points importants, rattaché à la théorie classique ; de même l'ancienne conception de la rente est conservée dans ses traits essentiels (2), la théorie de l'intérêt demeure ordonnée autour de la notion de productivité (3).

L'une des contributions importantes de Walker au développement de l'économie psychologique consiste dans sa théorie compréhensive de la consommation, ramenée à l'utilisation et non à la destruction des richesses (**Political Economy** p. 297) ; l'importante économique de cette étude trop négligée a été fortement soulignée par lui. « Nous avons besoin d'un nouvel Adam Smith ou d'un autre Hume pour écrire l'Economique de la consommation, dans laquelle on trouverait la dynamique réelle de la Richesse op cit p. 322) (4).

Ainsi, bien que demeuré largement indépendant à l'égard des écoles psychologiques proprement dites et ne se rattachant directement à elles que par Jevons, Walker a par l'ensemble de son œuvre, confimé plusieurs des résultats obtenus par l'économie psychologique et contribue ainsi à son développement

---

travail seul. Ainsi exposée la théorie de Walker ne contredit pas la théorie de Clark ; ces deux théories se rattachent au contraire à une même idée fondamentale : le salaire dépend du produit du travail. D'ailleurs on peut trouver chez Walker une première ébauche de la théorie de la productivité marginale : si le nombre des ouvriers augmente, les autres forces productrices demeurant intactes, le salaire baisse non pour la raison donnée par la théorie du fonds des salaires, mais parce qu'il y a productivité moindre du travail, *diminishing return* (Wages Question, p. 150).

(1) D'une manière générale, il y a concordance entre les principales vues de Jevons et celles de Walker.

(2) v. notamment *The Doctrine of Rent and the residual Claimant Theory of Wages*, (Q. J. O. E. 1890-91 p. 436, considérant la vieille théorie de la rente comme la pierre angulaire de la théorie de la distribution, repoussant son extension au salaire et à l'intérêt, rejetant aussi la conception des rentes subjectives.

(3) v. *Dr Böhm-Bawerk's Theory of Interest* Q. J. O. E. t. VI. 1891-92, p. 399-416 (v. réplique de Böhm-Bawerk Q. J. O. E. t. IX. 1894-95; *General Walker againts « Capital and Interest »* p. 234-54).

(4) L'auteur se trouve cependant amené dans l'article cité, note 1, à refuser à la consommation un rôle aussi important que celui qui lui est attribué par la théorie de l'intérêt-agio.

V. — Hawley (Frederick Barnard) (1)

Enterprise and the productive Process

A Theory of economic Productivity presented from the point of view of the Entrepreneur and based upon définitions, secured through deduction (and presumably, therefore, precise and final) of the scope and fundamental terms of the Science of Economics. New York et Londres J. B. Putnam's sons 1907, XIV-467 p.)

Comme l'indique son titre cet ouvrage constitue un exposé synthétique de la production et de la distribution des richesses dominé par une théorie nouvelle de la fonction économique et du revenu de l'entrepreneur. Avant d'aborder l'objet direct de son ouvrage, l'auteur expose (ch. I-V) un certain nombre de vues méthodologiques, parmi lesquelles on doit relever une définition de l'Economique qui assigne à cette science un double objet : étude des relations qui unissent entre elles des activités égoïstes d'une catégorie déterminée, celles qui se trouvent associées pour la création d'un certain pouvoir d'achat et sont mues par l'attente d'une part du produit commun (part supposée proportionnelle à la contribution productrice de chacune), — étude des relations extérieures de ces activités, c'est-à-dire de l'influence qu'exer-

(1) M. Hawley né en 1843 à Albany, Etat de New-York, gradué de William College, a depuis la fin de ses études de droit (1865), consacré la plus grande partie de sa vie aux affaires, a fait notamment le commerce du coton avec les manufactures du Nord des Etats-Unis et du Canada. Son expérience commerciale devait l'amener à une conception du rôle de l'entrepreneur, à une psychologie de l'homme d'affaires plus nettes, plus vivantes que ne l'étaient celles encore adoptées en général par les économistes anglais et américains.

Poursuivant parallèlement une double carrière scientifique et commerciale, successivement vice-président et trésorier de l'*American Economic Association* (dont le rôle considérable dans le développement des idées économiques aux Etats-Unis a déjà été indiqué), M. Hawley a, en dehors de l'ouvrage cité plus haut, publié notamment les ouvrages et articles dont l'énumération suit :

Capital and Population (New-York Appleton).
The Proportion of Wages and of other forms of Income (Q. J. O. E. t. II 1887-88, p. 362 ; t. III 1888-89 p. 109).
Profits and the residual Theory (Q. J. O. E. t. IV, 1889-90, p. 387-96).
The fundamental error of « Kapital und Kapitalzins » (Q. J. O. E. t. VI, 1891-92, p. 280-307).
The Risk Theory of Profits (Q. J. O. E. t. VII, 1892-93, p. 459-79).
Entreprise and Profit (Q. J. O. E. t. XV, 1900-1, p. 75-105).
Reply to final objections to the Risk Theory of Profit (ibid p.603-20).
A positive Theory of Economics (Q. J. O. E. t. XVI, 1901-1, p. 633-64).
The Controversy about the Capital concept (Q. J. O. E. t. XXII, 1907-8 p. 467-75).

ce sur elles et sur leurs résultats l'action du milieu physique, moral, social. (P. 69). (1)

La théorie de la production et de la distribution des richesses se trouve dominée chez Hawley par l'activité de l'entrepreneur « l'entreprise constitue la force productive, initiale, dynamique, unique même à strictement parler (2) ». Les autres facteurs (travail(3), capital (4), opportunité (5) constituent des forces auxiliaires aux mains de l'entrepreneur, forces interchangeables dans une mesure plus ou moins étendue dont le pouvoir producteur propre n'a pas d'intérêt distinct, dont le produit collectif importe seul (p. 118) (6).

Le caractère essentiel de la fonction de l'entrepreneur (7), agent productif principal, simplement aidé par les autres, permet de mieux comprendre la nature de sa rémunération. Le profit de l'en-

(1) On peut comparer cette notion de l'activité économique, considérée comme égoïste surtout parcequ'elle a un caractère médiat, à la conception de Wicksteed, qui considère la coopération économique comme inspirée non par l'égoïsme mais par le « non-tuisme ». (*Common Sense of political Economy* p. 175), c'est-à-dire par un mobile autre que la sympathie directe des agents producteurs les uns pour les autres, mais sans que ce mobile final soit nécessairement égoïste.

(2) v. ch. VI, *Enterprise* (p. 116).

(3) v. ch. IX, Labour, (p. 268-305).

(4) Le capital consiste dans un « fonds de pouvoir d'achat non dépensé », (ch. VIII, p. 206); — La fonction essentielle du capital consiste à conserver les valeurs pendant la période de transformation des matières premières en richesses définitives et jusqu'à ce que les produits parviennent au consommateur, (ch. VIII p. 218) : — lorsque l'entrepreneur paie un intérêt, il achète en réalité une « time relation » loc-cit.

(5) v. ch. VII (p. 160-205) : Opportunité a une signification voisine de celle de monopole : sous ce terme se trouvent compris les éléments économiques qui comme le sol, ne doivent pas exclusivement leur origine à un sacrifice initial.

(6) L'auteur constate que les économistes ont,le plus souvent, supposé que des rapports directs s'établissaient entre le sol, le capital et le travail: la fonction de l'entrepreneur ayant, dans leur pensée,un caractère effacé, presque passif (v. notamment p. 16 et 132) : — Cette remarque est surtout vraie de l'économie anglaise. L'école française notamment dès J. B. Say (dont les théories économiques ont été également imprégnées de l'expérience d'une carrière industrielle active) a reconnu le caractère dynamique, intellectuel de la fonction de l'entrepreneur. Cette notion a fortement contribué à sauvegarder chez elle dans une large mesure les droits de l'idée psychologique, (v. J. B. Say *Cours complet*, 3e édit. 1852, ch. V.)

(7) L'auteur constate que le terme : entrepreneur, est plus souvent employé par les économistes de langue anglaise que le mot *undertaker*: il préfère quant à lui le mot *entrepriser*. L'absence d'un mot approprié pour désigner l'entrepreneur a pu être signalée à la fois comme un résultat et comme une cause de la notion insuffisante que l'école anglaise a eue de la fonction et de la rémunération du chef d'industrie (v. notamment J. B. Say *Traité*, ch. VI, p. 79). Au point de vue de l'importance attribuée au rôle économique de l'entrepreneur, on peut rapprocher l'opinion d'Hawley de celle de Walker, bien que ces deux auteurs aient, en ce qui concerne le profit, des conceptions profondément différentes.

treprise, ou résidu du produit après que les demandes motivées par l'usage du sol, du capital, du travail, fournis par l'entrepreneur lui-même ou par d'autres) sont satisfaites, ne rémunère pas l'administration ou la coordination mais les risques auxquels l'entrepreneur se soumet. Et comme aucun entrepreneur n'accepte de se soumettre à un risque en échange de ce qu'il considère comme la valeur actuarielle de ce risque (valeur que l'on arrive à calculer exactement en moyenne) un revenu net se trouve attribué à l'entreprise dans son ensemble, revenu égal à la différence qui eixste entre les gains et les pertes. Ce revenu net est manifestement un résidu ; comme il ne peut y avoir deux résidus dans la même entreprise, le profit est identifié avec la rémunération reçue en échange de l'acceptation de la responsabilité (spécialement quoique non exclusivement, celle qui résulte de la propriété) (1).

La Risk-Theory a pour première caractéristique de distinguer le profit des autres formes de rémunération au moyen d'un critérium psychique, non objectif. D'autres théories ont voulu atteindre une notion exacte du profit en supposant l'entrepreneur démuni de tout capital, n'effectuant aucun travail. Hawley estime au contraire que le gain de l'entrepreneur est, objectivement, composite. Le gain résulte surtout de la propriété mais ne se confond ni avec l'intérêt, ni avec la rente parce qu'il est soumis à une loi d'évaluation différente. Pratiquement, le profit du chef d'entreprise constitue la différence entre le revenu qu'il obtiendrait si ses biens étaient remis à un autre entepreneur et celui qu'il retire lui-même de ces richesses directement engagées dans sa propre industrie.

Le profit a donc pour mesure l'évaluation subjective que les entrepreneurs donnent à leurs propres responsabilités (2). C'est de cette évaluation subjective que dépend l'économie intérieure des diverses entreprises (substitutions, combinaison finale des divers facteurs, discussion de leurs revenus respectifs) et l'existence même de chacune d'elles (une entreprise cesse d'exister si aucune de ces formules possibles d'organisation ne permet d'obtenir le profit exigé en l'état de l'évaluation subjective du risque de l'entrepreneur.

Bien que résiduel à l'égard de l'ensemble des rémunérations d'une entreprise, le profit envisagé au point de vue social tend à se soumettre lui aussi, à la loi de l'évaluaion marginale. A la longue et en moyenne l'entrepreneur marginal obtiendra un profit normal déterminable uniquement par l'évaluation subjective qu'il donne aux ennuis et aux responsabilités qu'il doit assumer (conclusion p. 458) (3).

(1) ch. VI : Entreprise (p. 106-7).
(2) Conclusion, p. 460.
(3) La théorie d'Hawley exposée d'abord dans une série d'articles mentionnés plus haut, a fait l'objet de discussions notamment dans le

VI. — Taussig (Frank William) (1)

Wages and Capital (An examination of the Wages fund Doctrine) Londres, Macmillan 1896 (VIII-329 p.)

L'ouvrage Wages and Capital peut-être considéré comme une histoire critique, un essai de reconstruction de la théorie tradition-

Quarterly Journal of Economics (v. Clark *Insurance and Business profits* t. VII. 1892-93, p. 40-54, Carver *The Risk Theory of Profits* t. XI. 1900-09, p. 456-8).

Les Théories de Hawley et de Clark concordent sur un point important : en période statique parfaite, l'adaptation complète et sûre des forces économiques éliminerait le risque et par suite le profit (v. notamment Hawley *Enterprise and Profit* Q. J. O. E. t. XV, 1900-01, p. 75-105); seulement, au lieu d'attacher son attention principale à l'économie statique, Hawley considère surtout les périodes dynamiques, jugées plus réellement intéressantes.

Quant à la dissociation du risque et du profit, soutenue par Clark notamment, Hawley, en la déclarant impossible, adopte des vues assez voisines de celles de Fisher, sur la distinction du coefficient de probabilité et du coefficient de prudence v. infra, ch. II, n° VII.

On peut compléter les observations de Hawley, en notant le rôle que joue dans les « motifs de l'entrepreneur », une certaine tendance à la sous-évaluation des risques (v. Marshall *Principles of Economics* (p. 620-21 et autorités citées), cf. Thorstein Veblen *Professor Clark's Economics* Q. J. O. E. t. XXII. 1907-8, p. 192-94.

(1) M. Taussig (né à St-Louis en 1859) appartient, par sa formation et sa carrière professorale toute entière, à l'Université Harvard ; docteur en Philosophie de cette Université, il y a été attaché de 1882 à 1886 comme instructeur d'économie politique, comme professeur assistant, de 1886 à 1892, comme professeur, de 1892 à 1901. Membre de l'Académie Américaine des arts et des sciences, président de l'American économic Association (1904-5), Docteur ès-lettres de l'Université Brown (1914), M. Taussig a été éloigné de la carrière universitaire par des fonctions publiques actives : il est en ce moment Président de la Commission des tarifs des Etats-Unis.

Parmi les publications de M. Taussig, se rattachant à la théorie économique pure, on peut mentionner, outre son ouvrage principal : *Wages and Capital*, et ses *Principles of Economics* (1911) plusieurs articles publiés dans le *Quarterly Journal of Economics*, à la rédaction duquel il collabore depuis sa fondation (1886) et qu'il dirige depuis 1896, une place très large a d'ailleurs été faite dans le *Quarterly Journal of Economics*, publication de l'Université Harvard, au mouvement psycho-économique.

Les principaux de ces articles sont les suivants :
A Contribution to the Theory of Railway Rates (t. V, 1890-91, p. 438-65. (Dans cet article, l'auteur montre comment la détermination des tarifs de chemins de fer, loin d'échapper aux lois générales de la valeur, met en lumière, en même temps que certaines influences de plus en plus actives dans l'ensemble de l'industrie (influence des coûts-joints), la direction générale de la valeur, qui appartient en dernier ressort à la demande).

The Wages fund Doctrine at the hands of the german Economists (t. IX 1894-95, p. 1-25); — *The Employer's Place in Distribution*, t. X. 1895-96, p. 67-94); — *Wages and Prices in Relation to international Trade*, t. XX 1905-06, p. 497-522) ; — *Seligman's « Principles of Economics »* (ibid, p. 622 t. XXI, 1906-07 p. 161-5) ; — Capital Interest and

nelle du fonds des salaires. L'auteur considère que la théorie anglaise contenait un élément de vérité : les salaires sont nécessairement payés sur le capital. Cette vérité, compromise par des déductions hasardeuses, des applications trop extensives (t) a été confirmée, mise en lumière par les analyses de l'école autrichienne

Préoccupée de réduire la valeur de toutes les richesses à une même formule, celle de l'utilité, l'école autrichienne a été amenée à penser que le principal rapport existant entre les biens les plus divers était un rapport de temps, les jugements économiques reposant en définitive sur la considération d'utilités immédiates, prochaines ou lointaines. Ainsi lui a été suggérée la notion de période de production (intervalle moyen entre le commencement de la production et la maturité d'une richesse), formulée, utilisée par Böhm-Bawerk. La durée de la période (et par suite la dépendance du producteur actuel à l'égard du produit passé) tend à augmenter avec la puissance même de la production.

Ainsi se trouvent dégagées les notions de capital (ensemble des

diminishing Returns (ibid t. XII, 1907-08. p. 333-63, contenant notamment, une critique des principales conceptions économiques de J. B. Clark). Dans leur ensemble, les théories économiques de Taussig se sont inspirées de l'école classique anglaise avec une prédilection marquée pour Ricardo ; parmi les auteurs contemporains, elles se trouvent en sympathie de vues particulièrement marquée avec Marshall (fortement préoccupé lui aussi de sauvegarder la continuité de pensée entre l'économie traditionnelle et l'économie pure) et Böhm-Bawerk. Elles s'opposent au contraire aux idées de Walker et à celles de Clark sur la Distribution.

L'auteur de *Wages and Capital* se rattache donc au courant psychologique par influence anglaise et autrichienne (tandis que l'école psychologique américaine proprement dite, fondée par Clark, complètement indépendante de l'école autrichienne par ses origines, l'est demeurée dans une très large mesure au cours de son développement). La contribution de M. Taussig à la psychologie économique s'est manifestée non seulement par les ouvrages et articles de théorie économique générale mentionnées plus haut, mais par un livre récent intitulé : *Inventors and Money Makers* 1915; — M. Taussig déclare avoir subi l'influence des idées psychologiques de William James, de Macdougall, de Graham Wallas, de Thorstein Veblen et, d'une manière générale, de la « *behaviorist School* ».

Comme l'ensemble des auteurs faisant l'objet de cette étude, il a consacré de nombreuses publications aux problèmes économiques pratiques et en particulier aux questions douanières (v. notamment : *Tariff History of United States* 1888; *Some Phases of the Tariff question* (1915), monétaires. (Silver situation in the United States 1892); — The Currency Act of 1900 (Q. J. O. E. t. XIV 1899-1900 p. 394-415); industrielles (v. notamment *Workmen's Insurance in Germany*, Q. J. O. E. t. II, 1887-88, p. 111 *Extension of German Insurance Legislation* Q. J. O. E. t. III, 1888-89. p. 353-497; — *The Iron Industry in the United States*, Q. J. O. E. t. XIV 1899-1900, p. 143-170, 475-507, 573-4).

(1) v. sur ce point, deuxième partie, chap. VI-XII, p. 124-265 : Le principe du paiement des salaires sur le capital, déjà indiqué chez Adam Smith, exposé avec plus de force chez Ricardo, n'a pas été développé sous ses aspects vraiment intéressants, l'école anglaise ayant été surtout préoccupée du salaire naturel et de ses rapports avec le standard of life. v. aussi p. 323.

biens futurs c'est-à-dire non consommables d'une société), de revenu réel (constitué par l'utilité des biens parvenus à leur maturité), de fonds social de subsistance, consistant dans l'ensemble des richesses existantes (à l'exclusion de la terre et des agents naturels de production). Le fonds social de subsistance, réservé pour les besoins présents et futurs de la société, peut être considéré comme le véritable fonds des salaires (1).

Ainsi, par une route imprévue, la théorie psychologique de la valeur devait aboutir, à souligner l'importance du lien qui unit la rémunération du travail actuel au produit de l'industrie passée. C'est cette notion de limite objective générale du salaire qui constituera le point de départ de la théorie de Taussig.

Envisagé d'abord sous son aspect « universel » indépendamment du régime actuel de la production et de la distribution des richesses, le salaire, apparaît comme constitué par l'ensemble des biens utilisables prélevés par le travailleur sur le fonds social en échange d'un travail dont la plus grande partie ne portera ses fruits que plus tard (2). Ce salaire réel est pris sur le revenu social, sur le courant des richesses qui, à chaque moment atteignent leur maturité. Le salaire réel n'est donc pas directement prélevé sur le capital (composé de richesses non consommables) mais sur le produit du capital, sur le revenu; à ce point de vue d'ailleurs la situation du travail ne diffère pas de celle des autres agents de la production, (rente, intérêt, profit sont à cet égard soumis à la même loi.

Après avoir envisagé les rapports du salaire avec le revenu social réel, l'auteur examine ses rapports avec le revenu pécuniaire (3) ; le revenu pécuniaire des travailleurs (et par suite la quotité de leurs droits sur le revenu réel) dépend des conventions passées avec les possesseurs du capital social (c'est-à-dire non seulement avec les employeurs mais avec ceux qui prêtent leus capitaux à ces derniers). Le salaire en argent dépend donc de la quantité de richesse que les possesseurs de capital jugent utile de consacrer à la rémunération du travail, c'est-à-dire en somme, d'un fonds des salaires déterminé par le résultat combiné des motifs qui ont agi sur les chefs directs ou indirects de l'industrie.

Après que cette double dépendance des salaires a été déterminée l'auteur se demande si sous l'une et l'autre de ses formes le fonds des salaires est élastique ou inflexiblement fixé (4). Le fonds mo-

L'auteur constate une rencontre de vues assez marquées entre les analyses respectives de Ricardo (réduisant déjà le capital à une série d'avances faites aux travailleurs) et de Böhm Bawerk (ch. XIV, contemporary discussion, p. 316.)
(2) v. chap. I et II (p. 1-50.)
(3) ch. III The Machinery of Distribution, p. 51-81.
(4) ch. IV The Elasticity of the Wages-Fund, p. 82-99.

nétaire envisagé pendant une période de temps déterminée, s'il n'est pas indéfiniment extensible, n'est pas non plus invariablement fixé (ainsi, la limitation matérielle des espèces monétaires ne constitue pas un obstacle absolu à l'extension des ressources, le crédit agissant dans une certaine mesure comme substitut de la monnaie). Quant au salaire réel, la source à laquelle il s'alimente, le revenu réel, dépend dans une mesure appréciable aussi de l'activité présente (qui sous des formes diverses a le pouvoir de dilater quelque peu la quantité de richesses consommables ou d'utilité incorporée à ces richesses (p. 90-91). Ainsi, une augmentation de revenu monétaire peut être obtenue et permettra de réaliser une augmentation approximativement égale de revenu réel. (1).

Après avoir ainsi affirmé et en même temps limité la dépendance du travail à l'égard de l'activité économique passée l'auteur indique la portée réelle de la théorie du fonds des salaires ; cette théorie a le mérite d'expliquer la production du revenu social, de montrer comment les travailleurs obtiennent leur part de ce revenu mais, beaucoup moins instructive sur la distribution des richesses que sur leur production elle ne donne que peu d'indications sur les causes qui déterminent soit l'importance du revenu social, soit l'importance de la part échue au salaire.

Elle laisse en dehors de son champ d'application les questions relatives à la détermination des divers salaires ; elle s'arrête à la détermination des rapports de l'ensemble des salaires avec l'ensemble du revenu réel et du revenu monétaire d'une société.

Ainsi, les théories qui ont voulu faire reposer le salaire sur le **produit actuel du travail (2)** ont, d'après l'auteur méconnu dans leur affirmation essentielle la loi de la production ; dans la mesure où leurs affirmations, mises au point, peuvent être acceptées, elles doivent être appliquées non à l'ensemble du salaire, mais seulement aux salaires particuliers. Si l'on envisage en effet une industrie particulière, il est exact que le niveau des prix payés par les consommateurs exerce une influence finale décisive sur l'importance du salaire des ouvriers mais cette influence ne doit pas faire perdre de vue les actions intermédiaires qui séparent nécessairement le travail de son résultat économique.

Préoccupée de sauvegarder le principe de la dépendance objective du salaire, la théorie de Taussig a néanmoins un caractère profondément psychologique, elle ramène le rapport du travail et du salaire à un échange d'une utilité future contre une utilité pré-

---

(1) Le discrédit de l'ancienne théorie du fonds des salaires est venu des affirmations de certains de ses représentants dans le sens de la rigidité du fonds des salaires, (v. notamment ch. XV, p. 324).

(2) Ces théories sont successivement combattues chez Henry George et chez Francis A. Walker (p. 283-99).

sente ; la double limite objective opposée à l'extension du salaire apparait surtout comme le résultat de forces psychiques anciennes, toujours susceptible d'être revisé, dans une certaine mesure sous l'influence des forces psychiques actuelles.

VII. — Fisher (Irving) (1)

A. — Mathematical Investigations in the Theory of Value and Pri-

(1) M. Irving Fisher, né en 1867, élève de l'Université Yale, (New Haven, Connecticut), après des études secondaires exceptionnellement brillantes (surtout en mathématiques) à Yale College, s'est d'abord consacré aux mathématiques sous la direction du professeur Williard Gibbs (auteur d'un ouvrage de thermodynamique devenu classique aux Etats-Unis) et à l'économie politique, sous la direction du professeur William G. Summer, (particulièrement connu par son livre : *Folk Ways*) auquel sera dédié l'ouvrage : *The Nature of Capital and Income*.

Sa thèse de doctorat en philosophie : *Mathematical Investigations in the Theory of Value and Prices* (soutenue en 1891, publiée dans *Transactions of the Connecticut Academy* en 1892), porte l'empreinte de cette double culture. Les préoccupations psychologiques, auxquelles l'auteur devait faire dans la suite une place de plus en plus grande, s'y manifestent déjà. Ayant étudié la psychologie et spécialement la psychophysique avec le professeur George Ladd, l'auteur de *Mathematical Investigations* estimait nécessaire une révision des bases scientifiques sur lesquelles étaient établies la Psychologie et l'Economie politique qui étaient alors généralement enseignées. Ses réflexions sur ce point lui inspiraient d'abord une conclusion négative : l'analyse économique doit cesser de reposer sur la psychologie et la morale hédonistiques en vertu du principe même de la distinction des disciplines scientifiques.

Une affirmation psychologique se dessine aussi déjà dans ce premier ouvrage ; le principe hédonistique est écarté, non seulement parce qu'il est étranger, mais parce qu'il est faux, de même les applications économiques des théories de Fechner, de Wundt, chez Edgeworth par exemple, sont considérées comme n'étant pas dans leur cas.

La notion psychologique intéressante, active, dans la formation des valeurs n'est pas le plaisir mais le désir. On a pu voir dans cette affirmation un lien établi entre l'économie politique et les théories dynamiques, compréhensives, qui devaient renouveler la psychologie contemporaine. On y a vu en particulier le pressentiment de ces théories très répandues aux Etats-Unis, qui attribuent un rôle essentiel à l'instinct, aux activités impulsives, théories auxquelles on peut, dans une certaine mesure rattacher William James et qui ont inspiré une série d'ouvrages récents de psychologie économique et sociale (v. Wesley C. Mitchell : *Human Behavior and Economics - A Survey of recent Literature*, Q. J. O. E. t. XXIX, 1914-15, p. 1-47). Autant cet ensemble complexe d'impulsions, de mobiles, dépasse la notion étroite, dépendante, de plaisir, autant la notion dynamique de désir paraît apte à leur servir de lien.

Ces vues sur ce que l'on peut appeler la zone frontière de la Psychologie et de l'Economique, devaient provoquer les recherches d'autres savants sur le même objet d'ensemble (v. notamment Carleton Parker *Motives in Economic Life*, American economic Review, mars 1918) ; elles ont été aussi pour Fisher lui-même le point de départ de réflexions et d'études dont il sera parlé plus loin.

Entre 1892 et 1895, Fisher est chargé d'un enseignement mathémati

ces (Transactions of the Connecticut Academy of Arts and Scien-

que à l'Université Yale, il passe toutefois l'année scolaire 1893-94 en Europe, étudie les Mathématiques et l'Economie politique à Paris (où il suit notamment les cours de Poincaré sur la Probabilité) et à Berlin.

En 1895, il passe de l'enseignement mathématique à l'enseignement économique de l'Université Yale, d'abord comme professeur adjoint, puis, en 1898, comme professeur titulaire.

En 1898, le soin de sa santé, fortement ébranlée, l'amène pendant trois ans dans le Colorado et en Californie. Cette période de sa vie a exercé une influence notable sur la direction ultérieure de son activité. Le souvenir s'en trouve rappelé dans un de ses principaux ouvrages (*The Nature of Capital and Income*, p. 176) et l'amène à mettre pleinement en lumière la nécessité urgente de combler l'une des lacunes de l'économie traditionnelle : Les économistes, en fixant exclusivement leur attention sur des phénomènes physiques, ne tiennent pas compte de l'élément le plus essentiel : la vigueur de la vie humaine (*op. cit.* p. 176) « La véritable richesse des nations consiste dans la santé des individus qui les composent » (op. et loc. cit). On peut rattacher dans une certaine mesure, à cette préoccupation les tendances de l'auteur dans le sens de l'intégration des êtres humains parmi les richesses.

Après avoir, en 1898, recouvré sa santé, M. le Professeur Fisher a repris son activité scientifique, partagée entre les ouvrages de théorie économique dont il sera parlé plus loin et les questions d'hygiène sociale, auxquelles, en souvenir de ses anciennes préoccupations, il a témoigné un intérêt de plus en plus vif.

Entre autres publications se rattachant à ce dernier ordre d'idées, on peut citer : *How to live* (en collaboration avec le Dr Fisk) (New-York Funk et Wagnalls 1915, ouvrage parvenu à sa 13ᵉ édition en 1918); — *The Effect of Diet on Endurance* (imprimerie de Yale University 1918). Il a contribué dans une large mesure à la création de l'Association contre la tuberculose de New-Haven et du sanatorium dépendant de cette association, il est également au nombre des fondateurs de l'Institut de New-York pour l'extension de la vie, dont le conseil d'administration possède actuellement à sa tête l'ancien Président Taft.

De l'hygiène physique, son intérêt s'est étendu à l'hygiène morale, appelant ainsi à un point de vue nouveau, avec plus d'énergie encore que par le passé, son attention sur la psychologie économique.

A cet égard, un prolongement possible de l'œuvre psycho-économique de Fisher s'esquisse déjà dans deux discours qu'il a prononcés en 1916 et 1917 comme Président de l'Association américaine de législation du travail (*The Need for Health Insurance*, Novembre 1916; — *Health and War*, Décembre 1917). L'une des idées principales exprimées dans ces publications est que l'on doit chercher parmi les causes, essentielles peut-être, du mécontentement ouvrier, une erreur psychologique de l'organisation industrielle.

L'homme a plusieurs instincts fondamentaux, le régime actuel de la production se préoccupe d'un seul ; celui de *self-preservation*, auquel répond la recherche du gain pécuniaire le plus élevé possible. Les autres sont négligés ; il en est un notamment que la division du travail a particulièrement sacrifié : l'instinct de *workmanship* ou de « self expression », en vertu duquel un homme s'intéresse au produit de son travail comme un artiste à son œuvre (*Health and War*, p. 8 et 9; — cp. l'étude de ce même instinct par Thorstein Veblen, The Instinct of Workmanship and the State of the industrial Arts, 1914, New-York, Macmillan).

Une psychiatrie industrielle devra se constituer pour réveiller, utiliser au profit de l'activité économique, en même temps que cet instinct essentiel, les instincts, les mobiles les plus élevés de l'activité humaine. Le principal moyen de réintroduire ainsi l'intérêt dans le travail industriel consisterait dans un système d'informations aussi précises que possible permettant à chaque ouvrier de ressaisir sa contribution personnelle dans le produit collectif, de la faire échapper à l'anonymat

ces vol. IX p. 1-124. New Haven 1892) (traduction française par Jacques Moret, Paris Giard et Brière 1917, 205 p.) (1).

que la division du travail imprime à ce qu'elle touche trop profondément, afin que cette œuvre personnelle fut nettement dessinée, évidente, qu'elle devint ainsi une source d'intérêt à ses propres yeux, de crédit aux yeux de ses compagnons de travail et de son employeur.

A cet égard, Fisher invoque l'exemple particulièrement intéressant d'une usine dans laquelle une organisation ingénieuse de l'information amène chaque ouvrier à écrire lui-même la courbe des résultats de son propre travail ; cette œuvre est sienne, et s'y intéresse et s'y exprime ; par le développement de ce système, en faisant constamment apparaître l'œuvre personnelle de chaque travailleur on a réveillé, associé à l'œuvre industrielle toutes les sources d'intérêt que l'on élimine quand on transpose purement et simplement dans l'organisation du travail l'ancienne notion théorique de l'homo œconomicus ; or c'est exactement à ce point qu'en est restée, dans sa généralité, l'organisation actuelle de l'industrie.

De ces considérations, l'auteur déduit que la science doit être appliquée à l'industrie dans le but de rendre les conditions du travail doublement saines, c'est-à-dire non seulement conformes aux exigences matérielles de l'hygiène, mais propices au développement d'une vie morale complète.

On peut rapprocher ces préoccupations, suggérées par les conséquences sociales de la division du travail et notamment par l'ennui du travail trop morcelé (v. *Health and War*, p. 9), des vues émises dans un sens analogue par plusieurs économistes français ; à cet égard, on doit rappeler les idées exprimées chez Tarde, au sujet de l'importance exagérée attribuée à la division du travail, (au détriment de l'invention) dans le développement de la puissance productive et surtout de l'attention insuffisante que les économistes ont accordée à l'ennui, comme élément de comparaison entre les divers travaux (Psychologie économique t. I. ch. V, p. 224-39). Si ces idées demeurent très largement indépendantes les unes à l'égard des autres, elles se rattachent à une même tendance initiale, à une même réaction contre le point de vue objectif auquel s'était placée l'économie classique anglaise, contre la réduction du problème économique à un simple problème de multiplication de la richesse matérielle.

M. le Professeur Fisher a été, en 1918, nommé président de l'American Economic Association.

La bibliographie de ses principales publications sera classée d'après les rapports de ces publications avec les ouvrages qui vont être spécialement étudiés et jointe aux notices concernant ces ouvrages.

(1) A l'occasion de ce premier ouvrage, on doit rappeler les principales publications qui peuvent en être rapprochées, soit au point de vue de la méthode, soit au point de vue du sujet.

Les publications de Fisher se rattachant plus particulièrement à l'Economie mathématique sont : *A brief Introduction to the Infinitesimal Calculus* (New-York Macmillan 1897, 84 pages, traduit en Italien) ; — *Bibliography of Mathematical Economics* (Introduction à une traduction des *Principes mathématiques de la Théorie des Richesses* de Cournot par Nathaniel Bacon, New-York Macmillan 1897) ; — *Cournot and Mathematical Economics* (Q. J. O. E. Vol. XII, 1897-98, p. 118-38).

Parmi les nombreuses publications consacrées à l'étude de la valeur et des prix, on peut citer :

The Equation of Exchange, 1896-1910 (American Economic Review, Juin 1911, publication renouvelée depuis annuellement ; — *The Purchasing Power of Money* (New-York, Macmillan 1911, 515 p. traduit en français, Paris, Giard et Brière) ; — *A Stable Monetary Yardstick the Remedy for the rising Cost of living* (the Independent, New-York, 26 Septembre 1912) ; — *A Compensated Dollar* (Q. J. O. E. t. XXVII, 1912-13, p. 213-35, 385-97) ; — *La Hausse actuelle de la Monnaie du Crédit et*

La théorie de la valeur chez Fisher a pour point de départ la notion de l'utilité marginale, puisée chez Jevons, Walras, Menger, Wieser (1).

Dès le début, cette théorie apparait comme dominée par des vues qui ont de plus en plus pénétré l'œuvre économique de Fischer, qui en ont déterminé la direction originale : les jugements de valeur n'ont pas pour objet de calculer des plaisirs et des peines, mais d'établir des rapports entre des désirs (2). Ainsi se trouvent rompus à la fois le lien que Gossen, Jevons notamment avaient considéré comme essentiel entre la science économique et l'arithmétique des plaisirs, celui qu'Edgeworth avait voulu établir entre elle et la « mathématique des sensations » (3). En réalité c'est par la notion de désir que la psychologie et l'économique communiquent entre elles (4). Quels que soient leurs antécédents moraux (plaisir, devoir, crainte) les désirs à travers leur comparaisons, leurs alliances, leurs luttes, leurs transactions, constituent les véritables forces motrices du monde économique. La préoccupation de l'auteur parait être surtout de défendre l'indépendance de la discipline économique contre une « introduction subreptice de la psychologie » (5) ; le résultat essentiel obtenu est

des Prix, comment y remédier (Revue d'Economie politique 1913) ;— De la Nécessité d'une Conférence internationale sur le coût de la Vie (La Vie Internationale, Bruxelles, t. III, fasc. 12, p. 295-311, 1913) ; — Why is the Dollar Shrinking (New-York, Macmillan 1914, 233 p.) Notice bibliographique sur l'ouvrage «Recherches sur la théorie du Prix», trad. française de l'ouvrage d'Auspitz et Lieben, American economic Review 1915);; — Some Contributions of the War to Our Knowledge of Money and Prices (American economic Review supplement, vol. VIII, n° 1, Mars 1918) ; — Is « Utility » the Most Suitable Term for the Concept it is used to Denote? (ibid. vol. III, n° 2, Juin 1918) ; — Stabilizing the Dollar in Purchasing-Power (American Problems of Reconstruction, publié par E. P. Dutton, Octobre 1918).

(1) v. préface (édit. française p. 3-7). Les deux ouvrages auxquels l'auteur attribue le plus d'influence sur le développement de sa pensée sont : Theory of political Economy de Jevons et Untersuchungen über die Theorie des Preises d'Auspitz et Lieben. Ce dernier ouvrage a eu le mérite de mettre nettement en lumière la symétrie de l'offre et de la demande et de concilier ainsi les théories de l'utilité et du coût marginaux (v. au sujet de l'influence exercée sur l'auteur par la théorie d'Auspitz et Lieben, p. 4 et 173-4). L'auteur mentionne aussi, au nombre des économistes qui ont apporté les contributions les plus importantes à la théorie psychologique de la valeur, Cournot (auquel il a consacré dans la suite des études spéciales citées p. 69 note 1) Gossen, Marshall (ce dernier auteur se caractérise par une préoccupation analogue, dans son principe, à celle d'Auspitz et Lieben : celle de l'équilibre à établir, de la synthèse à réaliser entre l'utilité et le coût, préoccupation qui sera aussi très marquée chez Fisher).

(2) v. Ire partie ch. I, p. 9-10).

(3) v. (préface p. 5-7 Ire partie ch. I, p. 10), discussion des applications économiques de la Psychophysique de Fechner par Edgeworth dans son ouvrage Mathematical Psychics (1881) et notamment critique de l'unité de plaisir basée sur la notion de minimum sensible.

(4) v. partie I, ch. I, p. 10.

(5) préface p. 6.

d'appuyer l'interprétation des faits économiques sur un fondement psychologique plus large, plus sûr. L'indépendance res
pective des deux disciplines ne rend que plus efficaces leurs services
mutuels ; en détachant les jugements de valeur des notions hédonistiques, l'économie pure se rattachait au vaste courant d'études
psychologiques qui a montré l'action relativement réduite du plaisir dans l'économie des désirs (1) ; c'est la notion dynamique de désir qui servira de base au concept de revenu, pris comme centre
d'une théorie économique renouvelée (2).

L'utilité, ainsi ramenée à l'expression économique du désir, se
trouve étudiée d'abord sous son aspect le plus simple, l'utilité d'une
richesse étant supposée ne dépendre que de la quantité de cette richesse (Première partie) ; on examine ensuite l'utilité d'un bien
fonction des quantités de tous les biens (Seconde partie).

Si l'on suppose un marché isolé et une richesse indépendante de
toute autre richesse, les taux de production et de consommation
de cette richesse entièrement stabilisés, la liberté économique des
individus complète, on peut représenter la quantité de chaque richesse que consomme un individu déterminé par une certaine
quantité de liquide contenue dans une citerne de verre. La dis-
tance existant entre l'extrémité supérieure de la citerne et la sur-
face du liquide mesure l'utilité marginale, qui égalera l'utilité totale si la quantité de liquide est infinitésimale, sera nulle au contraire si la citerne est pleine (3). Toute quantité de richesse destinée à être absorbée par un marché au cours d'une période donnée
se répartit entre les divers individus de telle sorte que son utilité
marginale mesurée en monnaie soit égale pour tous les consommateurs. L'utilité marginale ainsi déterminée est le prix (4). Le
mécanisme des valeurs est en somme basé sur la capacité limitée
l'épuisement plus ou moins prochain des désirs. Toutes les notions fondamentales posées au sujet de l'utilité s'appliquent à l'utilité négative ; la **disitulity** de la production croit, à partir d'un
certain point, comme l'utilité décroît (5) ; cette notion symétrique,
cette synthèse psychologique de l'offre et de la demande a été suggérée à l'auteur par le traité d'Auspitz et Lieben (6).

(1) v. notamment James *Principles of Psychology* t.II ch. XXVI p.
549-59 ; Dewey *L'Ecole et l'Enfant* pp.8,29-31; Cours de M. le Professeur
Foucault à la Faculté des Lettres de Montpellier 1913-14 sur la Psychologie des Sentiments (cité avec l'autorisation de l'auteur).
(2) v. infra. étude *sur The Nature of Capital and Income*.
(3) v. ch. II Mécanisme p. 33.
(4) v. ch. II p. 37 ; — 'e bénéfice ou rente du consommateur est
l'utilité totale diminuée de la valeur utilité (ch. I, p. 22) ; la symétrie
établie entre les mécanismes respectifs de la production et de la consommation entraîne une conception pareillement symétrique des rentes respectives du producteur et du consommateur.
(5) p. 35-37.
(6) p. 4 ; sur l'influence d'Auspitz et de Lieben v. supra p. 70.

Si, par une complication progressive de l'hypothèse initiale, on envisage un consommateur et plusieurs biens, il apparaît que chaque consommateur règle sa consommation en vue d'une exacte proportion entre les utilités marginales des biens consommés (1); si l'on se place ensuite en présence de plusieurs biens et de plusieurs consommateurs ou producteurs, il apparaît que les utilités marginales de tous les articles consommées par un individu sont proportionnelles aux utilités marginales de la même série d'articles pour tout autre consommateur et que cette série de rapports n'est autre que l'échelle des prix des diverses richesses (2).

Ainsi, le problème de l'égalité des utilités marginales se trouve transformé ; le mécanisme des valeurs exprime des égalités entre les rapports des désirs éprouvés par les divers individus, sans que l'énergie propre des désirs individuels mis en présence les uns des autres se trouve directement comparée.

Envisageant les rapports qui existent entre les variations des prix et la distribution des richesses, Fisher rectifie l'erreur commise par Stuart Mill, qui supposait que si, dans une économie déterminée, la quantité de chaque bien était doublée par exemple les rapports d'échange ne seraient pas altérés, l'ensemble des prix se trouvant uniformément doublé. Les rapports d'échange ne sont pas établis entre les contenus totaux des citernes mais entre leurs ordonnées (3). C'est en réalité une configuration générale toute différente de la consommation et des prix qui résulterait du phénomène économique envisagé par Stuart Mill.

La formule de la valeur résultant de cette première série d'analyses doit être ainsi établie : « le prix, la production et la consommation sont déterminés par l'égalité de l'utilité marginale et du coût marginal de production (4) » — formule qui unit le principe psychologique et la notion d'équilibre.

Toutes les formules régissant les rapports de la production et de la consommation s'appliquent à chacun des échanges intermédiaires successifs d'une même richesse (5).

Mais, selon l'expression de Cournot, « le système économique est un ensemble dont toutes les parties se tiennent et réagissent les

(1) v. ch. III. Un consommateur, (ou un producteur), plusieurs biens p. 43-49.

(2) v. ch. IV (p. 50-79) (v. spécialement p. 53).

(3) ch. IV p. 73. L'auteur donne l'indication des conditions géométriques nécessaires (et irréalisables) pour qu'un résultat semblable à celui entrevu par Stuart Mill (*Pol. Econ.* liv. III ch. XIV par. II), put être envisagé.

(4) ch. V Combinaison de la production et de la consommation, p. 80-88 : cette formule s'inspire d'Auspitz et Lieben, dont la théorie est jugée supérieure à la théorie trop unilatérale de Jevons.

(5) ch. VI p. 89-94.

unes sur les autres » (1); il est donc nécessaire d'envisager l'utilité d'un bien, fonction des quantités de tous les biens (2).

Suivant la même méthode de complication progressive, l'auteur s'occupe d'abord des modes d'influence, qui peuvent s'établir entre les utilités respectives de deux richesses soit complémentaires, soit succédanées l'une de l'autre, soit alternativement succédanées et complémentaires. La propriété essentielle des biens succédanés les uns des autres est de maintenir leurs valeurs respectives dans un rapport constant. Le caractère des articles complémentaires, consiste dans la constance du rapport qui existe entre les quantités des uns et des autres qui sont effectivement produites et consommées (3).

Le mécanisme de la valeur des biens interdépendants est ensuite étudié dans son application à trois et à plusieurs richesses (4). Les utilités marginales demeurent (comme dans les hypothèses simplifiées examinées au cours de la première partie) dans un rapport continu qui est le rapport des prix, sauf le cas dans lequel un ou plusieurs articles de l'utilité marginale ne correspondent à aucune réalité distincte, c'est-à-dire dans le cas d'articles complémentaires parfaits, lorsque les diverses richesses réunies ont des coûts de production distincts, mais une utilité indivisible (5).

Après avoir (6) essayé d'établir une table d'équivalences entre les concepts, les axiomes essentiels de l'économique et de la mécanique (le concept de force répondant à celui d'utilité ou de **disutility** marginale, les concepts de travail et d'énergie à ceux de **uisutility** et d'utilité) Fisher se préoccupe de la signification de l'utilité « en tant que quantité » (7) ; il s'efforce d'établir une distinction entre les faits qui ont une importance économique réelle et ceux qui peuvent demeurer indéterminés sans préjudice pour l'explication des prix et de la répartition des biens. Ainsi, la connaissance de l'utilité totale, la comparaison directe de l'utilité recueillie par une personne à celle recueillie par une autre, constituent des objets de curiosité dénués de liens essentiels avec la science économique.

Ce sont les directions des « lignes de force » qui ont seules de l'importance, on peut faire abstraction de la densité de l'utilité totale et concevoir le monde économique comme rempli uniquement de lignes de forces ou de directions maxima (p. 137). Le principal

(1) *Principes mathématiques* ch. XI p. 146, cité par Fisher, p. 94.
(2) v. 2e partie p. 95-139.
(3) v. 2e partie ch. I : Deux biens (p. 95-116) v. spécialement p. 98.
(4) 2e Partie ch. II : Trois biens ou davantage p. 117-130.
(5) 2e Partie ch. II p. 126-130.
(6) 2e Partie Ch. III, Analogies mécaniques p. 131-9.
(7) 2e Partie ch. IV p. 134-9 : l'auteur indique dans sa préface à l'édition française (Mars 1916) qu'il est dans l'intention de donner bientôt un développement nouveau à l'étude du problème de la mesure de l'utilité v p. 2.

appendice de l'ouvrage est consacré à une histoire et à une défense énergique de la méthode mathématique, à une bibliographie de l'économie mathématique (1).

B — The Nature of Capital and Income (2)
(New-York et Londres Macmillan 1906 XXI-427 p.)
traduction française, Bouyssy, Paris, Giard et Brière, 1911

Cet ouvrage a pour but d'établir sur une base rationnelle les concepts de capital et de revenu, ainsi que les théorèmes fondamentaux qui régissent l'un et l'autre ; — il constitue une tentative de rapprochement entre la théorie et la vie économique (3).

Avant d'aborder les deux notions qui constituent l'objet direct de ses préoccupations, l'auteur énonce ses vues sur les trois notions fondamentales de richesse, de propriété, d'utilité.

Les richesses (« objets matériels possédés par des êtres humains ») comprennent rationnellement les êtres humains eux-mêmes, c'est seulement par une concession aux idées courantes que l'on peut les en exclure, complétant alors la définition primitive, naturelle de la manière suivante « objets matériels possédés par l'homme et extérieurs à leur possesseur » (4).

La propriété consiste dans le droit d'obtenir tout ou partie des services futurs d'une richesse (5). Quant à l'utilité, qui serait plus exactement nommée désirabilité (6), elle doit, dans ses rapports

(1) v. appendice 3 p. 166-98.

Dans l'appendice précédent (appendice 2 p. 158-65), l'auteur défend d'une manière générale la méthode d'exposition abstraite, d'exposition progressive des difficultés, en invoquant l'exemple des sciences physiques. « Le physicien n'a jamais expliqué entièrement un seul phénomène de l'univers. Il ne procède que par approximations, l'économiste ne peut espérer faire mieux » (p. 158).

(2) Parmi les publications se rattachant au même ordre d'idées que cet ouvrage on peut citer : *What is Capital ?* (Economic Journal 1897) *Senses of Capital* ibid 1898 — *The Role of Capital in economic Theory* (ibid 1898), *Precedents for defining Capital* (O. J. O. E. t. XVIII. 1903-04 p. 386-408. *Professor Tuttle's Capital Concept* (O. J. O. E. t. XIX. 1904. p. 309-13, *Economics as a Science*. (Proceedings of he American Association for The Advancement of Science, vol. LVI et LVII. 1907 — *Professor Fetter on Capital and Income* (Journal of Political Economy vol. XV n° 7 Juillet 1907 :) — *Davenport's Value and Distribution* (ibid Décembre 1908) : — *Are Savings Income ?* (Publications of the American Economic Association, vol. IX n° 1, Avril 1908) : — *Elementary Principles of Economics*, New-York, Macmillan 1912, 531 p ; traduit en italien.

Parmi les études consacrées à cet ouvrage on peut mentionner : *Fisher's Nature of Capital and Income,* (Sanger the Economic Journal, Londres mars 1907, p. 82).

(3) v. Introduction, p. VII-IX (édition originale).

(4) ch. I p. 3-17, v. 1re définition, p. 3, définition rectifiée p. 5.

(5) v. ch. II Property p. 18-40 ; v. définition p. 22.

(6) v. ch. III Utility p. 41-7 ; v. p. 42-43 sur la substitution possible au

avec la valeur être envisagée, divisée au point de vue logique plutôt qu'au point de vue chronologique. La dernière unité de richesse n'est pas celle que l'on acquiert en dernier lieu, mais celle que l'on considère la dernière, dans la revue des services différents qui peuvent être demandés à une même catégorie d'objets. Aussi doit-on préférer à la formule de Jevons « final Utility » celle de Wieser et Marshal « Marginal Utility » (p. 46)

Après cette introduction économique générale, l'auteur examine (première partie ch. IV-VI) le concept de capital. Si l'on veut arriver a une conception vraie des deux points de vue essentiels sous lesquels peut être envisagée la richesse, on doit se préoccuper avant tout du rapport qui existe entre les diverses grandeurs économiques et cette « grande variable indépendante de l'expérience humaine : le temps » (1).

Nous envisageons parfois la richesse comme « une quantité existant à un instant particulier du temps » elle constitue alors « un stock (ou fonds) de richesse ». Parfois nous envisageons au contraire une quantité « produite, consommée, échangée ou transportée durant une période de temps » ; il s'agit alors d'un « flux (ou courant) de richesse ». Le capital « est un fonds, le revenu est un flux ». Ainsi « un stock de richesses existant à un instant déterminé est appelé capital. Un flux de services à travers une période de temps est appelé revenu ». (2).

Les définitions antérieures du capital, à travers leur extrême diversité, s'accordent dans l'ensemble à lui reconnaitre ses vrais caractères : productivité, nature opposée à celle du revenu, réserve pour l'avenir (p. 57). Il s'agit en somme d'étendre à toute richesse des caractères attribués à tort, à une partie seulement des richesses. Toute richesse porte revenu, le revenu consiste simplement dans les services de la richesse (p. 58).

Cette notion encyclopédique du capital ressort d'ailleurs de l'analyse des idées et du langage courants (p. 61-64). En outre, le concept proposé (stock de richesses à un moment déterminé) révèle sa valeur par ses résultats scientifiques. Cette épreuve se trouve entreprise dans les deux chapitres suivants. (3).

« Une vue complète du capital serait fournie par une photogra-

terme d'utilité de celui de désirabilité ; en faveur de l'adoption de ce dernier terme, l'auteur invoque les exemples de Gide et de Marshall. Il rappelle également le passage des *Mathematical Investigations* (édition française p. 29) où se trouve indiquée la nécessité de dépouiller le mot utilité, si on le conserve, de sa signification originaire « héritage de Bentham et de sa théorie des plaisirs et des peines »

(1) ch. IV capital p. 51-65 ; v. p. 51 ;

(2) v. p. 52.

(3) ch. V, *Capital Accounts* p. 66-89, ch. VI *Capital Summation* p. 90-98.

phie instantanée de la richesse » (1) collection hétérogène, collection des **capital-goods,** selon l'expression du Professeur Clark.

Le terme **capital-value** désignera au contraire ces mêmes biens mesurés au moyen d'une commune unité. C'est sur la notion du **capital-value** que pourra s'établir le compte capital : le compte capital d'un individu consiste en somme dans l'expression du rapport qui existe, à un moment donné, entre ses biens et ses dettes, le compte fait apparaître la marge de capital qui sépare les biens des dettes.

L'interprétation des comptes individuels permet de déterminer, à un certain moment, le capital social (2). Deux méthodes peuvent être employées, l'une (méthode des balances) consiste à établir le compte de chacun des individus composant une société, en déterminant après comparaison de l'actif et du passif la différence finale. Le capital social est alors obtenu par l'addition algébrique des capitaux individuels.

La méthode des couples consiste à prendre, objectivement, tous les biens existant dans une société économique, à en déduire toutes les dettes grevant l'ensemble de ces biens. Ces deux méthodes, l'une objective, l'autre subjective, se complètent au lieu de s'opposer.

L'ouvrage **the Nature of Capital and Income** a voulu sous certains rapports constituer une philosophie de la comptabilité ; l'auteur, dans cet ordre d'idées, indique les confusions fréquentes commises en matière de législation fiscale entre les deux considérations personnelle et réelle de la richesse ; aucune des deux ne saurait avantageusement devenir la base exclusive de l'impôt mais il serait nécessaire que l'on fit appel alternativement et distinctement à l'une et à l'autre.

L'étude du revenu (3) constitue la partie la plus importante, la plus nouvelle de l'ouvrage. Avant de développer sa propre définition (4) l'auteur se préoccupe de la justifier en la comparant aux définitions objectives longtemps acceptées. La notion de revenu monétaire est nécessairement incomplète, la notion de revenu réel, plus complète, est confuse, comprenant à la fois, des biens et des services ; seule la conception psychique du revenu, considéré comme un ensemble de services, répond exactement au revenu net individuel et collectif, sans double emploi (5).

(1) ch. v. p. 66.
(2) ch. VI *Capital Summation* p. 90-98.
(3) v. 2e partie ch. VII-X
(4) « Un flux de services à travers une période de temps » (p. 52)
(5) ch. VII *Income* p. 101-118. Ce concept psychologique se trouve en concordance générale avec ceux de Cannan (*History of the Theory of production and Distribution*, de Marshall (*Principles of Economics*),de Hadley *Economics* ch. I.) de Flux (*Economic Principles* p. 17) de Fetter (*Principles of Economics* p. 43 et 571).

Comme la notion de capital, la notion de revenu doit être soumise à l'application et à l'épreuve de la comptabilité. Le compte revenu, établi d'une façon complète, comprend la liste des services positifs et négatifs qui résultent de chaque élément actif et passif du patrimoine (1). Que si on veut déduire de l'ensemble des comptes la sommation du revenu des choses (méthode des couples) ou des personnes (méthode des balances) la plupart des résultats économiques ainsi rencontrés sont des interactions (« événements à double face » p. 144), transmettant l'action productrice d'un instrument à un autre, services positifs pour la richesse qu'ils affectent, négatifs pour la richesse dont ils viennent. Les interactions compensées, la seule marge de revenu net consiste dans les services des objets de consommation (2).

Mais, cette marge de revenu laissée par l'ensemble des richesses objectives ne constitue pas encore le revenu final (3). Le revenu extérieur ne se transformera en revenu réel qu'en passant à travers l'organisme humain, agent industriel qui doit, dans une vue complète de la production, n'être pas plus laissé hors de considération que tout autre instrument économique (p. 168). On définira donc le revenu subjectif : le courant de conscience de tout être humain. Toute sa vie consciente, de sa naissance à sa mort, constitue son revenu subjectif. Sensations, pensées, sentiments volitions évènements psychiques de tous genres font en réalité partie de ce courant de revenu (4). Toutes celles de ces expériences conscientes qui sont désirables constituent des articles positifs de revenu ou services ; toutes celles qui son non désirables sont des articles négatifs ou **disservices**. On évitera avec soin de dire que le revenu objectif consiste dans le plaisir, ou dans le plaisir moins la peine. Ces termes ont été employés d'une manière trop vague par les économistes, qui se sont trouvés ainsi entraînés à une controverse inutile avec les psychologues. Il vaut mieux éviter de telles discussions et nous contenter de cette simple proposition : les événements subjectifs désirables sont des services, ceux qui sont non désirables constituent des **disservices** Cette proposition est confor-

(1) ch. VIII. *Income Acounts* p. 119-140.
(2) v. ch. IX, *Income Summation* p. 141-64, v. p. 152-3.
(3) ch. X Psychic. Income p. 165-79.
(4) On a déjà noté les rapports qui existent entre cette conception du revenu (identifié en dernier ressort avec la vie psychique) et la conception dynamique de l'activité humaine chez William James (v. supra ch. I, n. 1; — après avoir rappelé une rencontre intéressante de pensée et d'expression générale entre ces deux auteurs, on doit indiquer aussi que la pensée de Fisher s'est affirmée dans l'ensemble très indépendante de celle de William James, et qu'elle lui est opposée notamment sur la question de la « liberté du vouloir » que Fisher n'admet pas (du moins dans le sens où l'admet William James), comme incompatible avec le déterminisme rigoureux qui a inspiré l'ensemble de ses idées scientifi-

me à la définition des services et des **disservices** donnée au début
et ne compromet avec aucune théorie psychologique du plaisir ou de la peine. Quelques psychologues pourraient soutenir
qu'un ascète désire la douleur aussi vivement que d'autres le plaisir (1) p. 168.

D'une comparaison établie entre le revenu final objectif (services des richesses) et psychique (courant de conscience) il résulte qu'ils paraissent coïncider d'une manière générale, dans leurs
contours respectifs. Cependant, ils diffèrent à trois points de vue
importants : d'abord au point de vue de la durée de production, les transformations confiées à l'organisme humain sont
en général longues, peu compressibles dans le temps (exemple,
lenteur de l'éducation p. 169-70) ; ensuite le revenu psychique
et le revenu objectif d'un même acte peuvent être très différents
Ainsi un ouvrier qui gagne deux dollars pour huit heures de travail, s'il estime qu'il vaudrait autant pour lui un dollar 50 sans
travail, évalue à cinquante cents l'ennui résultant de son travail. (2)

C'est en définitive à ce coût psychique que se réduit la notion positive dernière de coût. Les coûts objectifs (rente, intérêt) ne sont
que des interaction, revenus pour les uns, coûts pour les autres,
finalement compensés au point de vue social. Le seul article
final de coût consiste dans le coût de travail ou, si le terme
travail n'est pas lui-même suffisamment large, dans le travail, l'in-
quiétude, la fatigue, l'ennui et les autres expériences subjectives
non désirables qui sont nécessaires pour assurer des expériences
d'une nature agréable (p. 175).

Enfin, le revenu subjectif peut être très inégal au revenu objectif, selon l'état de l'organisme humain, instrument économique
le plus important de tous. Les richesses objectives ne constituent

ques et plus particulièrement sa théorie économique du hasard (v. infra p. 81).

La théorie du revenu chez Fisher appelle, outre le rapprochement qui
vient d'être indiqué, l'indication de ce que l'on peut appeler ses origines
mathématiques. Cette théorie aurait été dans une certaine mesure suggérée à Fisher par l'économiste et astronome américain Newcomb,
qui, le premier aurait nettement rompu avec l'erreur traditionnelle du
fonds des salaires pour s'attacher à la notion de flux des salaires (v.
Fisher *Cournot and mathematical Economics* (Q. J. O. E. t. XII, 1897
98. p. 118-38) ; — les ouvrages économiques de Newcomb indiqués dans
The Mathematical Investigations sont : *The Method and Province of
Political Economy* N. Amer. Rev. 1875. p. 259. *Principles of Political
Economy* 1886.

(1) cp. *Mathematical Investigations* (pp. 6, 10, 29 édit. française)

(2) v. p. 172. La différence que ce calcul a pour résultat de dégager est
une forme du surplus psychique, (envisagé dans *Mathematical Investigations* sous l'une de ses formes principales ; le bénéfice du consommateur (p. 22) — le terme négatif est constitué par la peine résultant du
travail (labor), distinguée du résultat objectif de l'effort (work), distinction indiquée déjà chez Clark.

pas le revenu mais simplement le véhicule du revenu, le revenu subjectif d'une personne consiste uniquement dans l'ensemble de sa vie consciente. En définitive, une vue complète du revenu conduit à distinguer deux catégories de revenus définitifs 1° les expériences agréables de la vie subjective 2° les expériences non désirables résultant soit du travail (ou d'un sacrifice fait en vue d'un revenu positif) soit de peines provenant d'une autre cause, subies et non acceptées.

Entre ces termes finaux du revenu, on a une série d'interactions, les unes extérieures à l'organisme humain, les autres constituant le trait d'union entre cet organisme et la richesse extérieure.

Les concepts de capital et de revenu étant ainsi précisés, l'auteur étudie les rapports existant entre ces deux termes (1) Quatre rapports peuvent être établis entre le capital et le revenu.

$$1° \frac{\text{Quantité de services par unité de temps}}{\text{Quantité de capital}} = \text{Productivité physique}$$

$$2° \frac{\text{Valeur de Services par unité de temps}}{\text{Quantité de capital}} = \text{Productivité en valeur}$$

$$3° \frac{\text{Quantité de services par unité de temps}}{\text{Valeur de capital}} = \text{Rendement physique}$$

$$4° \frac{\text{Valeur de Services par unité de temps}}{\text{Valeur de capital}} = \text{Rendement en valeur}$$

Soit quatre expressions du revenu : — 1° boisseaux par acre et par an ; — 2° dollars par acre et par an : — 3° boisseaux par dollar et par an : — 4° dollars par dollar et par an.

Cette conception a pour résultat de faire disparaître toute différence objective entre la rente (productivité en valeur) et l'intérêt (rendement en valeur) (2). C'est surtout ce dernier rapport qui se trouve envisagé dans la suite de l'ouvrage (3). Le taux de l'intérêt peut être considéré soit comme le prix d'un capital exprimé au moyen d'une annuité perpétuelle soit comme une prime sur le prix des biens de cette année exprimés en bien de l'année prochaine (p. 200). C'est cette dernière notion qui sera envisagée de préférence dans la suite de l'ouvrage, comme dans les publications ultérieures de l'auteur sur le même sujet.

(1) 3° partie Capital and Income ch. XI-XVI p. 183-300.
(2) Parmi les auteurs qui ont combattu l'erreur d'une conception objective de la rente et de l'intérêt, l'auteur mentionne Camman (*What is Capital*, Economic Journal, Juin 1897 p. 283-4 et Fetter : *The Relation between Rent and Interest*, communication à l'*American Economic Association* Décembre 1903.
(3) ch. XII p. 191-201.

Le taux de l'intérêt agit comme un chainon reliant la valeur du revenu à la valeur du capital (1). Ce n'est pas de sa constitution physique mais exclusivement de son revenu que le capital tire sa valeur. « La valeur de tout capital (richesse ou droit), si l'on suppose son revenu futur connu d'avance, consiste dans la valeur décomptée de ce revenu et par suite, à mesure que le temps s'écoule, la valeur de ce capital oscille, s'élevant graduellement pendant les intervalles qui s'écoulent entre les paiements, le long de la courbe de décompte, à mesure que le revenu futur approche, tombant soudain lorsque les échéances passent successivement, variant en sens inverse avant et après les dépenses. Cette oscillation de la valeur du capital finit à zéro quand la vie (c'est-à-dire le service de la richesse ou du groupe de richesses envisagés) est terminée. Elle commence souvent aussi à zéro, quand l'instrument ou le groupe de richesses dont s'agit est nouvellement acquis ou produit. Ces changements constituent, en quelque sorte, l'histoire de la vie d'une valeur de capital » (2).

Il est donc essentiel de se débarrasser de la notion de capital perpétuel. la valeur du capital n'est pas un élément économique régulateur mais au contraire une résultante de l'appréciation des services.

Cette mise au point a pour résultat, notamment, de permettre une détermination exacte des rapports qui existent entre le gain et le revenu. On doit distinguer le revenu réalisé, valeur des services assurés par un capital et le revenu gagné, obtenu en ajoutant algébriquement au revenu réalisé l'augmentation ou la diminution de valeur du capital. Le premier terme constitue le revenu, le second constitue le gain. Ainsi une créance de mille francs productive d'intérêt à 4% payable annuellement ne donne aucun revenu pendant la période qui s'écoule entre les deux échéances mais elle donne un gain continu représenté par son augmentation de valeur à mesure que l'échéance approche, à l'instant qui précède l'échéance le gain peut être ainsi établi : revenu 0, augmentation de capital 40, total 40, au moment de l'échéance le gain est de . revenu 40, augmentation de capital 0, total 40. Dans les cas de cette nature, le gain total et le revenu total de l'année sont égaux. C'est le revenu réalisé qui constitue le concept vraiment fondamental (p. 236) (3). « Quand un bien fournit un revenu précis déterminé d'avance et se trouve évalué en décomptant ce revenu conformément à un taux déterminé d'intérêt, si le revenu réalisé est égal au revenu gagné (et par suite égal au taux de l'intérêt) la valeur du capital reste à un niveau uniforme ; — si le revenu réalisé

(1) ch. XIII Value of Capital p. 202-26.
(2) p. 223-24.
(3) v. ch. XIV Earnings and Income p. 227-55.

excède le revenu gagné, la valeur du capital sera diminuée du montant de cet excédent ; — si le revenu réalisé est inférieur au revenu gagné, la valeur du capital sera augmentée de la valeur de ce déficit » (1).

L'erreur souvent commise est de considérer la dépréciation du capital comme une dépense, sa plus value comme un revenu (p. 238) En réalité, l'accroissement du capital est obtenu par un moindre revenu (2).

Cette vue a, entre autres résultats, celui de permettre une taxation juste, c'est-à-dire atteignant dans une même proportion tous les revenus, actuels ou différés, de même valeur. Une taxe qui impose une simple augmentation de capital, décourage les usages du capital qui nécessitent une attente (la question des impôts sur les forêts peut servir d'illustration à cette idée générale (p. 254). Ainsi, la distinction du capital et du revenu entraine avec elle la distinction du revenu type et du revenu réalisé. (p. 255). L'un est purement conceptuel, l'autre actuel. Le premier est celui qui, s'il était perçu, laisserait la valeur du capital intacte ; l'autre celui qui est actuellement reçu et détaché du capital, que la valeur de ce dernier s'en trouve augmentée ou diminuée. L'un est gagné, l'autre perçu, l'un et l'autre coïncident quand la valeur du capital reste constante ; quand la valeur du capital varie, on essaie de régulariser le revenu réalisé par divers moyens (surtout par un fonds d'amortissement).

La théorie du capital et du revenu ainsi dégagée est en complet accord avec les habitudes de la vie économique. Le capital représente simplement la capitalisation des articles attendus dans le compte revenu ; les fluctuations du compte-capital correspondent aux déviations que divers articles du compte-revenu peuvent subir à l'égard du revenu type (3).

Après avoir supposé un revenu entièrement connu d'avance l'auteur introduit dans son anlyse l'élément de risque « la chance se réduit toujours à une estimation. Elle est subjective » (p. 266) (4). Il s'agit donc d'une quantité « non objective mais psychique » : risque signifie ignorance. Ainsi on dit que la probabilité d'un événement est égale dans l'esprit d'un individu à celle d'un autre événement, quand cet individu n'est pas incliné à croire que l'un doive se réaliser plutôt que l'autre. « La probabilité n'est pas une question de pure mathématique comme on se l'imagine si souvent.

(1) p. 237-8.
(2) Cp. Mathematical Investigations édition française : l'épargne au point de vue de la production est considérée comme une forme de dépense, le bien acheté étant un capital (p. 45).
(3) p. 264, ch. XV.
(4) v. ch. XIV, p. 265-300 ; — « pour un être omniscient, toutes choses sont certaines » (p. 266) ; — la chance est une affaire de savoir ou d'i-

Elle est avant tout un objet d'estimation humaine concrète. Ce qu'on appelle les mathématiques de la probabilité s'applique seulement à des groupes de combinaisons également probables et consiste à calculer les nombres respectifs des combinaisons favorables et défavorables à un événement déterminé » (p. 270).

L'influence du risque sur l'évaluation du capital se manifeste sous deux formes : incertitude de l'existence du revenu futur, incertitude du taux de l'intérêt. Toute valeur est susceptible de trois états distincts : riskless, mathematical (la valeur sans risque étant multipliée par le coefficient de probabilité mathématique du risque), commercial (la valeur mathématique étant elle-même multipliée par le coefficient de prudence qui exprime la répulsion inspirée par le risque) (1). La réduction des risques est obtenue par cinq moyens essentiels : augmentation des garanties d'exécution des contrats, — renforcement des mesures de sauvegarde contre les pertes, — développement de la prévoyance, — consolidation des risques par l'assurance, — concentration des risques aux mains de spéculateurs spécialisés.

C. — The Rate of Interest
Its nature, determination and relation to economic phenomena
(New York Macmillan 1907 (XXII-442 p.) (2).

L'ouvrage **The rate of Interest** peut être considéré sous bien des rapports comme une continuation de l'ouvrage précédent. La

_____

gnorance (p. 268). L'auteur se rattache ainsi à la théorie du hasard soutenue notamment par Laplace et rejette la théorie du hasard objectif de Cournot (v. *Essai sur les fondements de nos Connaissances* t. 1. ch. III. p. 49-70 ; — *Traité de l'Enchainement des Idées fondamentales* liv. I, ch. VII, p. 64-78, édition de 1911). L'auteur insiste surtout sur ce fait que, au point de vue de l'explication économique, l'élément vraiment positif consiste dans la croyance à l'incertitude.

(1) p. 276 ; v. appendice au chapitre XVI par. I, p. 403, la formule des coefficients mathématiques de probabilité et de prudence.

(2) Une partie de cet ouvrage (les ch. V et XIV relatifs aux rapports existant entre l'intérêt et les phénomènes monétaires) avait déjà paru sous une forme un peu différente dans les publications de l'*American Economic Association* sous le titre *Appreciation and Interest* (v. XI n° 4, 3e série, Août 1896, sous le même titre v. Annals of the American Academy of Political and Social Science, Mars 1897).

Parmi les publications ultérieures relatives au même objet on peut signaler : *Gold Depreciation and Interest Rate* (Moody's Magazine Février 1909) ; — Capital and Interest (Political Sciences Quarterly vol. XXIV, n° 3, 1909); — *Une Théorie de l'Intérêt, fondée sur l'Impatience* (Revue Scientia, vol. IX, 1911, traduit par Dr Jankelivitch p. 263-86) ; .. *The Impatience Theory of Interest* (American Economic Review vol. III n° 3, Septembre 1913) ; — *The Rate of Interest after War* (Annals of the American Academy of Political and Social Sciences, Novembre 1916).

Parmi les auteurs que l'on peut considérer comme ayant préparé la notion générale de revenu, qui avait été placée au premier plan de la théorie économique, constitue le véritable principe de renou-

constitution de la théorie psychologique de l'intérêt, trois se trouvent mentionnés, dans la préface de l'ouvrage de Fisher, comme ayant fait avancer dans une large mesure l'étude si difficile d'un phénomène de demeuré longtemps méconnu, ces auteurs sont Rae, Böhm-Bawerk et Landry.

La contribution de beaucoup la plus essentielle est due à John Rae ; elle justifie la dédicace du livre de Fisher à la mémoire de cet auteur. L'ensemble des idées économiques de Rae a été exposé dans un ouvrage qui devançait son époque. (*Statement of some new Principles on the subject of political Economy exposing the fallacies of the System of free Trade and of some other doctrines maintained in the Wealth of Nations*, Boston Hilliard Gray 1834, ouvrage réédité par le Professeur C. W. Mixter sous le titre : *The sociological Theory of Capital* (Macmillan 1905) (v. sur Rae, outre les études de Mixter citées plus loin, Böhm-Bawerk, Histoire critique des théories de l'Intérêt, (tr. française) t. i ch. XII, une notice bibliographique de Lester W. Zartman, Annals of American Academy of political and social Sciences Mars 1906, p. 184-6) v. également : *Fragment of an unpublished Manuscript by John Rae* (Q. J. O. E. t. XVI, 1901-2 p. 123-5).

Les théories de Rae se caractérisent à la fois par une conception très nette du lien qui unit les phénomènes économiques à l'ensemble de la vie sociale et par une vision très exacte de l'importance des facteurs psychiques dans le développement de la richesse.

Cet auteur estime qu'une importance trop grande a été attribuée aux conditions physiques, à l'arrangement extérieur des faits économiques; la division du travail, l'épargne ne sont pas les forces vraiment créatrices de la richesse, mais figurent simplement au nombre des forces auxiliaires de l'invention ; « l'invention est le seul pouvoir sur la terre que l'on puisse considérer comme créateur ». Elle est un élément essentiel dans la série des actes qui assurent l'accroissement de la richesse nationale, accroissement qui doit être assuré par une création et non par une acquisition (cit. p. Mixter: *A Forerunner of Böhm-Bawerk*, Q.J. O. E. t. XI, 1896-97, p. 161-91 ; v. également Mixter ; *Böhm-Bawerk on Rae* (Q. J. O. E. t. XVI, 1901-2, p. 385-412). Le protectionnisme de Rae peut être expliqué en partie par le sentiment de la nécessité de stimuler l'esprit inventif au moyen d'encouragements économiques.

La théorie de l'intérêt de Rae, si elle se trouve rattachée à la notion de coût (v. Fisher : *The Rate of Interest* p. 37) fait état, pour la première fois, d'une façon nette, de *l'effective desire for accumulation* qui peut être défini : la résolution de sacrifier une certaine quantité de biens présents pour obtenir une quantité plus grande de biens futurs. Rae dégage les principaux facteurs qui influent sur ce sentiment : le désir inspiré par un bien futur moindre que celui inspiré par un bien présent de même nature, même si l'existence de l'un et de l'autre est également certaine (*Sociological Theory* édit 1905 p. 54), les perspectives de durée limitée de la vie (ibid p. 53-4, cité par Fisher p. 103-4). Il indique à la fois l'étendue du cercle des influences morales (sentiments de famille notamment) qui agissent sur le désir d'accumulation et des répercussions économiques, sociales, par lesquelles s'exprime le degré d'énergie de ce même désir.

Selon que, par l'ensemble de ses actes, une société affirme d'une façon plus ou moins marquée la prolongation de son existence dans l'avenir, elle augmente ou diminue ses chances effectives de durée. Une société qui agit comme si son existence devait être limitée à la vie de ses membres actuels prépare sa propre déchéance (v. application de cette idée à la décadence romaine *The sociological Theory of Capital* p. 95-99, cité par Fisher *The Rate of Interest* p. 296-7).

La richesse individuelle, la richesse et la durée sociale dépendent de la durée d'intérêt de l'expérience économique, tels sont les principaux

vellement de la théorie de l'intérêt. La méthode générale de démonstration est la même que celle adoptée dans les ouvrages précédents : le phénomène étudié est d'abord réduit à son élément essentiel, situé dans un milieu supposé constant ; les complications de l'hypothèse initiale se poursuivent progressivement, l'élément le plus complexe (le risque) se trouve, comme dans **The Nature of Capital and Income,** introduit en dernier lieu dans les données du problème.

La théorie de l'intérêt chez Fisher ne sera pas exposée ici, ayant fait ailleurs (1) l'objet d'une étude approfondie. On donnera seulement quelques indications complémentaires sur l'importance psychologique de la **time-preference.** Le degré d'impatience doit être mis au nombre des traits les plus essentiels qui contribuent à fixer la psychologie économique d'un individu, d'un peuple.

éléments d'une théorie qui contenait des éléments précieux et n'a été arrêtée dans un développement plus complet que faute d'une notion exacte de la valeur et du revenu.

Böhm-Bawerk est considéré par Fisher comme ayant donné une œuvre critique définitive(*Histoire critique des Théories de l'Intérêt* trad. française sur la 2e édition par Joseph Bernard. Paris Giard et Brière 1903). Quant à la « *Positive Theorie des Kapitales* », traduite en anglais par Wm. Smart (1890 Londres et New-York Macmillan) suivie de *Recent Literature on Interest* trad. anglaise par Scott et Feilbogen, (Macmillan 1903), elle a dégagé la formule de l'*agio*, sur laquelle sera construite la théorie de Fisher. C'est cette conception générale de l'agio qui a fait l'objet de l'un des principaux désaccords entre Böhm-Bawerk et Clark, Clark considérant l'intérêt sous sa forme prix, (rapport entre un flux perpétuel et uniforme de revenu net et la valeur capitale de l'entier stock de richesses producteur de ce revenu) tandis que Böhm Bawerk se rattache à la notion de l'intérêt-prime (plus value d'un bien présent à l'égard d'un bien futur) v. *The Nature of Capital and Income* ch. XIV, p. 247).

Fisher, dans le chapitre consacré spécialement à la théorie de Böhm-Bawerk (ch. IV p. 53-74) (dont le texte a été soumis à ce dernier, (v. préf. p. VIII), résume la contribution de Böhm-Bawerk, à la théorie positive de l'intérêt en constatant que si l'on enlève de la théorie de Böhm Bawerk, la partie relative à la supériorité technique des biens présents, cette théorie doit être tenue pour exacte. Mais elle demeure incomplète, car elle n'explique pas comment la technique de la production agit sur l'intérêt.

L'erreur commise par Böhm-Bawerk dans la partie de sa théorie relative à la prétendue supériorité technique des biens présents a été signalée, notamment, dans l'ouvrage de Landry (*L'Intérêt du Capital,* Paris Giard et Brière 1904) que Fisher met au nombre des sources importantes de la théorie de l'Intérêt (v. sur ce point spécial *The Rate of Interest* p. 72-73).

La théorie de Landry rattache l'intérêt à une notion extrêmement compréhensive du coût, elle entrevoit déjà la dépendance de l'intérêt à l'égard du revenu, v. Fisher *op cit* p. 92, mentionne parmi les causes de l'intérêt la dépréciation des biens futurs,mais il lui manque,comme à celles déjà mentionnées une conception synthétique tout à fait nette du revenu, des rapports existant entre le coût et le revenu, de la distinction à établir entre le coût-travail et les interactions (v. Fisher : *The Rate of Interest* p. 38).

(1) v. *la Psychologie économique chez les Anglo-Américains* ch. X.

Ainsi, il résulte des observations notées dans l'ouvrage de Rae au sujet des Indiens du Nord de l'Amérique que l'état d'impuissance, de misère, dans lequel se trouvaient en général ces populations, au milieu de pays très fertiles, pouvait être rattaché à un développement anormal de l'impatience économique. L'apathie de ces hommes « si étrange à nos yeux » ne trouve pas son explication principale dans leur répugnance pour le travail ; ils s'y appliquent au contraire avec une grande diligence, quand la rémunération en est immédiate (Rae, **Sociological Theory** cité par Fisher p. 294) (1).

Le véritable progrès économique consiste donc dans une extension de la perspective des désirs ; l'indolence de certains peuples primitifs s'explique par le champ trop limité de leur vision, par la brièveté autant que par la monotonie de leurs désirs. De même que la diversification des désirs assure leur équilibre actuel, leur pressentiment assure leur équilibre dans le temps, prépare une distribution raisonnable de l'activité, de la richesse entre les désirs présents et futurs.

La **time-preference** s'incorpore donc à la physionomie historique des diverses nations, la Hollande, la France, l'Ecosse par exemple se placent parmi les peuples dont la **time-preference** est la plus modérée et par suite l'outillage économique le plus durable ; la Chine telle qu'elle est décrite chez Rae (p. 88-9; cité par Fisher p. 292-3) avec ses cultures rudimentaires, ses constructions frustes aux cloisons de papier, son outillage de bois, — l'Inde, Java, les villages de la Russie, sont au contraire parmi les groupes sociaux dont l'impatience a tout juste pour résultat l'immobilisation économique.

Mais ces différences ethniques, si profondes qu'elles puissent être, ne constituent pas des faits définitifs. Diverses expériences démontrent que, sur ce terrain aussi, l'éducation, l'influence du milieu ont une puissance réelle plus décisive que celle de l'hérédité (p. 298).

En même temps qu'il soulignait la profondeur réelle des influences subies et exercées par le phénomène de l'intérêt, Fisher s'est appliqué à montrer ses rapports réels avec les phénomènes monétaires (ch. XIV et XV). Les vues exprimées sur ce point se trouveront reprises dans l'ouvrage **The Purchasing Power of Money** (New York 1911, v. notamment ch. IV et XIII.)

Dans son ensemble l'œuvre de Fisher, pénétrée à la fois par les deux courants de pensée qui ont inspiré à la science économique contemporaine ses directions dominantes, a d'abord appar-

(1) cp. au sujet des populations indigènes du Paraguay ibid p. 294.

tenu surtout à l'économie mathématique ; dans la suite sa contribution au développement de l'économie psychologique s'est affirmée de plus en plus importante (1).

A cet égard, les résultats obtenus s'enchaînent fortement les uns aux autres. L'émancipation initiale de la science économique à l'égard des théories de Bentham, la substitution du concept dynamique de désir à la notion réceptive de plaisir au centre des jugements de valeur, ont directement suggéré les éléments d'une synthèse économique nouvelle : notion de revenu appuyée sur la notion même de l'activité consciente, notion de capital réduite, dans ses termes essentiels, à une synthèse anticipée, à une croyance de revenu, conception des divers rapports établis entre les revenus et leur source extérieure (rente et intérêt notamment) envisagés non comme des réalités objectives distinctes, mais comme les aspects d'une même réalité, considérée dans des perspectives d'action différentes.

Il a paru à l'auteur que la forme la plus complexe, la plus intéressante aussi, sous laquelle peut apparaître ce rapport du revenu et de sa source consistait dans l'intérêt, expression d'un jugement de valeur d'une nature spéciale, inspiré par l'effort d'accommodation de l'action économique dans le temps, comme les jugements de valeur ordinaires résultent de son accommodation aux limites matérielles. Rattaché ainsi par sa complexion intérieure, par ses interdépendantes multiples, à l'ensemble des jugements de valeur, l'intérêt souligne l'importance de la théorie économique de la consommation, puisque à travers ses modalités les plus diverses il se rattache toujours à un phénomène de désir, à une utilité présente, plus grande que l'utilité future.

En même temps que l'importance de la consommation se trouve augmentée, sa notion est considérablement enrichie ; c'est exactement la continuité de la production et de la consommation qui se trouve mise en lumière, l'une et l'autre ne constituant pas des faits symétriques inverses (production et destruction de la richesse matérielle) mais des termes, des étapes dans la série continue de l'adaptation économique immédiate (consommation) ou distante (production). C'est ainsi que se trouvent fortement accusés, à travers l'œuvre de Fisher, les traits essentiels de l'économie psychologique, aussi attachée à rectifier les vues de l'économie classique sur les rapports de l'activité humaine et des richesses, qu'à continuer, en la consolidant, la tradition scientifique qu'elle a eu le mérite de fonder.

(1) Les formules mathématiques, qui font partie intégrante du premier ouvrage étudié (*Mathematical Investigations*), ont été dans les deux autres réservées pour les appendices, selon une méthode d'exposition suivie également dans les *Principles of Economics* de Marshall.

VIII — Fetter (Frank A). (1)

Recent Discussion of the Capital Concept (Q. J. O. E. t. XV, 1900-1901 ; p. 1-45).

The passing of the old Rent Concept (ibid p. 416-55).

The « Roundabout Process » in the Interest Theory (Q. J. O. E. t. XVII, 1902- 3, p. 163-80).

L'ensemble de ces travaux constitue un essai de mise au point des notions de capital et de revenu.

L'auteur analyse successivement **(Recent Discussion of the Capital concept)** la théorie du capital chez Böhm-Bawerk (théorie dont le mérite est surtout critique, et qui ne peut-être acceptée, dans sa partie positive étant trop peu compréhensive, excluant à tort les agents de production naturels), la théorie de Clark, jugée trop abstraite, mais qui contient des éléments importants de vérité, la théorie de Fisher, la plus large dans son extension, mais qui détache trop la notion de capital de l'idée fondamentale de valeur (2) Il expose ensuite sa propre théorie qui peut se résumer ainsi : constitue un capital toute richesse économique dont la quantité est exprimée dans une unité générale de valeur. **(Recent Discussion of the Capital concept, p. 44).**

Cette notion encyclopédique du capital, envisagé comme un aspect de toute richesse, entraîne une conception nouvelle de la rente et de l'intérêt, considérés comme des aspects différents du revenu constitué dans son unité économique (3). L'ancien concept de rente, rattaché à l'origine à une notion immobilière, individualiste, apparaît comme déjà progressivement abandonné (l'auteur cite notamment la théorie transactionnelle de Marshall comme une manifestation intéressante de cette évolution, (v. **The passing of the old Concept of Rent).**

(1) Professeur à Princeton University, après avoir appartenu à Stanford University et à Cornell University.
Parmi les publications principales du Professeur Fetter autres que celles indiquées dans le texte on peut citer : *The Relation between Rent and Interest* (communication à l'American Economic Association Décembre 1903 ; — *The Principles of Economics* (New-York, The Century C°) 1904.
(2) La théorie de Fisher est étudiée d'après les écrits antérieurs à *The Nature and Capital and Income* et utilisés plus tard dans cet ouvrage.
(3) Dans sa communication à l'American Economic Association (*The Relation between Rent and Interest*) citée par Fisher (*Nature of Capital and Income* p. 186) le même auteur a mis au point la question des rapports exacts de la rente et de l'intérêt, aspects différents du lien qui unit un revenu à sa source — et non catégories objectives de revenus.

Au sujet de l'intérêt, l'auteur, en concordance complète de principes essentiels avec les vues développées plus tard dans **The Rate of Interest** de Fisher, combat, comme une survie des anciennes théories de la productivité, les idées de Böhm-Bawerk sur le **roundabout process** et estime que l'intérêt doit être rattaché, ainsi d'ailleurs que Böhm-Bawerk l'a suggéré lui-même à l'échange, non à la production.

De même que la rente est constituée par le revenu représentatif de l'usage d'un bien pendant une période déterminée, l'intérêt consiste dans l'agio ou décompte auquel sont sujets les biens de toutes sortes si on compare leurs valeurs pendant toute la durée de plusieurs périodes successives de leur existence (**The Roundabout Process in the Interest Theory**).

IX. — Tuttle (G. A.).

The fundamental Economic Principle.
(Q. J. O. E. t. XV, 1900-01 p. 218-53).

The Real Capital Concept.
(Q. J. O. E. t. XVIII, 1903-04, p. 54-96).

The Fundamental Notion of Capital, once more.
(Q. J. O. E. t. XIX, 1904-05 p. 81-110).

L'ensemble de ces travaux constitue un essai de révision et de coordination des principaux concepts économiques, groupés autour de la notion de **weal-relation**, rapport de bien être entre l'homme et le monde extérieur. Tout jugement de valeur se ramène à l'expression quantitative de ce rapport de dépendance des désirs à l'égard du milieu physique (1). Les rapports d'échange ne constituent que la résultante, l'aspect relativement superficiel du phénomène de la valeur (2).

(1) Rapport considéré, au point de vue économique, comme plus essentiel que les rapports sociaux. La *weal-relation* se trouve expressément rapprochée de l'utilité effective de Clark. Il y a cependant, entre la théorie de Clark et celle de Tuttle (rattachées dans l'ensemble aux mêmes directions) cette différence que la première fait directement dériver la valeur de l'utilité, tandis que la seconde les considère l'une et l'autre comme des expressions successives du rapport fondamental de *weal-relation*.
Tuttle mentionne l'influence exercée par Knies sur la formation des théories psychologiques de la valeur (cp. s. ce point étude sur Clark, sup. ch. II. p. I).
(2) L'auteur déduit de la théorie psychologique de la valeur des conséquences importantes au sujet de la conception du rôle de la monnaie (l'étalon de valeur le plus parfait consiste non dans le bien dont les rapports d'échange avec les autres biens sont le plus stables mais dans celui dont l'utilité effective varie le moins).

De même que la notion de valeur signifie avant tout rapport d'un bien et d'un désir et non rapport entre des biens, l'idée de richesse ne saurait se confondre avec celle d'une simple collection de biens.

Sans doute, parmi les éléments essentiels de la notion de richesse se trouve celle de bien matériel, les éléments de l'activité humaine sont hors de la richesse, mais il faut se souvenir que le terme richesse désigne, primitivement, un pouvoir économique.

Il y aura donc lieu de distinguer les **economic goods** — objets matériels possédant une valeur — et la richesse, « relation de bien être » existant entre les hommes et leur milieu matériel.

Cette distinction s'inspire de la même idée générale que celle de Clark entre les capitaux-biens et le capital pur, mais elle s'étend à l'universalité de la richesse et, en ne laissant pas subsister pour les deux termes concret et abstrait la même dénomination générique, permet peut-être d'éviter quelques-unes des difficultés auxquelles a donné lieu la théorie de l'auteur de **Distribution of Wealth**.

Ainsi, les vues qui viennent d'être retracées dans leurs éléments essentiels, fortement rattachées aux tendances générales de l'économie psychologique américaine, donnent sur certains points à ces tendances une expression plus complète. Ces vues d'ensemble tendent surtout à établir que l'économie psychologique, loin de pouvoir négliger le point d'appui objectif des actes économiques et se limiter à une étude abstraite des désirs, doit, pour réaliser pleinement la mission qu'elle s'est proposée, envisager, expliquer dans toute leur complexité les réactions mutuelles du caractère et du milieu.

2. — Thorstein Veblen (1)

Why is Economics not an evolutionary Science (Q. J. O. E.) t. XII 1897-98 p. 373-97) ;

The Preconceptions of Economic Science Q. J. O. E. t. XIII 1898-99, pp. 121-50, 396-426 ; t. XIV 1899-1900 pp. 240-69).

Professor's Clark Economics (Q. J. O. E. t. XXII 1907-8 pp. 147-195).

On the Nature of Capital (Q. J. O. E. t. XXIII 1907-8 pp. 517-42, t. XXIII 1908- 9 pp. 104-36).

L'ensemble des publications qui viennent d'être énumérées

(1) M. Thorstein Veblen, autrefois professeur à l'Université Stanford (après avoir enseigné à l'Université de Chicago), s'est attaché, par son œuvre de critique et d'histoire économique, à remplacer l'ancienne influence, trop persistante encore à son gré, d'une psychologie métaphysique par celle d'une psychologie biologique.

renferme, avant tout, une critique des données psychologiques de base de l'économie traditionnelle.

D'abord spécialisé dans l'étude de la philosophie allemande du XVIIIe et du XIXe siècle(sa première publication a pour titre *Kant's Critique of Judgement* (Journal of Speculative Philosophy 1884), il a ensuite étudié plus particulièrement Auguste Comte, Herbert Spencer, Darwin.

On analysera dans le texte les principales idées qui inspirent sa critique économique ; on doit indiquer ici que ces mêmes idées ont inspiré aussi une étude concrète, historique de faits économiques : *The Instinct of Workmanship and the State of the Industrial Arts* (New York, Macmillan 1914, v. Etude sur cet ouvrage dans l'article *Human Behavior and Economics* de Wesley C. Mitchell, Q. J. O. E. t. XXIX, p. 19-29). Par cet ouvrage, notamment, Thorstein Veblen a pu être rattaché à la « *Behaviorist School* » qui comprend parmi ses représentants actuels les plus en vue Mac Dougall (v. *An Introduction to Social Psychology*, Londres 1908) Parmelee (*The Science of human Behavior, biological and physiological Foundations, New-York Macmillan 1913*) Thorndike (*The original Nature of man, educational psychology* Teachers College Columbia University (New-York 1913) Graham Wallas (*Human Nature in Politics. — The Great Society, a psychological Analysis*, New York, Macmillan 1914), v. Wesley C. Mitchell Article précité p. 1-47. Dans ce même ordre d'idées on peut indiquer une communication du professeur Carleton Parker : *Motives in Economic life*, à l'American economic Association (American economic Review. Supplement Mars 1918).

L'ensemble de cette école se caractérise par l'accentuation du caractère évolutif de l'activité psychique, par une étude minutieuse des tendances innées, par l'importance attribuée à la fonction de l'instinct.

L'instinct de *Workmanship* se trouve défini chez Thorstein Veblen « an animus for economy and efficiency » (p. 27). Cette définition se trouve ainsi commentée : l'usage efficace des moyens disponibles, l'Administration des ressources exactement combinée de vue de la réalisation des buts de la vie constituent, en eux-mêmes, des objets de désir, des sources de satisfaction (p. 31-2). On peut comparer cette définition à celle donnée par Fisher : « *Instinct of self expression* » (v. supra, n. VII); comme l'indique le titre même de l'ouvrage de Thorstein Veblen, l'instinct du travail y est surtout étudié dans son rôle historique, dans son influence sur le développement de la technologie et la succession des formes économiques liées aux diverses étapes de ce développement.

C'est au contraire, sous son aspect moral, esthétique, que le même instinct est envisagé de préférence chez Fisher ; l'une et l'autre conception ont toutefois un résultat commun : celui de mettre en relief les aspects spontanés de l'activité économique, de la montrer largement dominée par des tendances originales, soutenue par les intérêts les plus divers, non susceptible d'être réduite à un simple rôle mécanique, à une fonction d'instrument passif.

Parmi les publications de Veblen, consacrées à la théorie économique on peut, en dehors de celles qui vont être étudiées, noter les suivantes : *Böhm-Bawerk's Definition of Capital and the Source of Wages* (Q. J. O. E., t. VI, 1891-92, p. 247-50 ; — *Gustav Schmöller's Economics* (Q. J. O. E. t. XVI, 1901-2, p. 69-93 ; — *The Theory of Business Enterprise* (Scribner, New-York 1904):— *The Socialist Economics of Karl Marx and his Followers* (Q. J. O. E. t. XX 1905-06, p. 575-99 et XXI, 1906-07 p. 299-322) ; — *Fisher's Capital and Income* (Political Science Quarterly t. XXIII 1908-9) ; — *On the Nature of Capital* (Q. J. O. E. t. XXII, 1907-8 p. 517-42 et t. XXIII, 1908-9 p. 104-30 ; — *Fisher's Rate of Interest* (Political Science Quarterly t. XXIV, 1909-10) ; — *The Limitations of marginal Utility* (Journal of political Economy 1909 t. XVII).

Les publications de ce même auteur consacrées plus spécialement à des questions d'économie historique, sociale, comprennent notamment: *The Beginnings of Ownership*, American Journal of Sociology t. IV 1898;

L'économie classique en s'imprégnant de la notion d'ordre naturel, puis de la théorie hédonistique de Bentham (1) s'est immobilisée dans une conception étroite, inexacte, de la nature humaine. Son caractère scientifique s'en est trouvé atteint; elle a gardé une empreinte statique, taxonomique, échappant ainsi presque complètement au renouvellement général des connaissances suscité par le développement de l'idée d'évolution (2)

On peut résumer les tendances caractéristiques de la psychologie économique traditionnelle en constatant qu'elle a conservé un caractère implicitement métaphysique (3), reposant sur l'hypothèse d'une réalisation nécessaire, automatique en quelque sorte, par les activités livrées à elles-mêmes, des fins qui leur conviennent le mieux individuellement et collectivement

Outre ces inconvénients de méthode, on peut reprocher à la théorie hédonistique une responsabilité directe dans les erreurs, les lacunes de l'économie traditionnelle. La théorie de la valeur-coût peut être considérée comme une transposition de l'idée d'équilibre hédonistique entre le sacrifice et le gain (4). L'économie autrichienne serait à peine différente de l'économie classique en ce qui concerne l'appel au postulat hédonisique (5). Si l'auteur note chez Marshall, un effort interessant pour dégager la notion d'activité dans les faits économiques (6), il considère que chez un grand nombre des néoclassiques et notamment chez Clark (les théories de ce dernier étant spécialement étudiées d'après : **The Essentials of economic Theory**) les positions fondamentales, utilitaires, taxonomiques auraient été conservées (7).

A la conception hédonistique, d'inspiration métaphysique, d'allure physique et mécanique, Veblen oppose la notion dynamique de l'activité humaine, d'inspiration biologique, qui a prévalu dans la psychologie contemporaine. Au lieu d'être un mécanisme commutateur, l'activité humaine apparaît de plus en plus comme une organisation sélective mue par ses tendances propres, et non par

— the Theory of the Leisure Class (New-York Macmillan 1899) ; — Industrial and pecuniary Employments (American economic Association Publications, 1901 vol. II 3e série) ; — Arts and Crafts (Journal of Political Economy 1902 t. XI ; — An early Experiment in Trusts (Journal of Political Economy t. XII 1904) : — The higher Learning in America (A memorandum on the Conduct of Universities by Business Men, New-York Huebsch sous presse, 1918 ; — The modern Point of view and the new Order (6 articles dans « The Dial » (NewYork) Novembre 1918).

(1) The Preconceptions (Q. J. O. E. t. XIII p. 409-13) — Une opinion aussi peu favorable sur l'influence de Bentham peut être trouvée chez Fisher (Recherches mathématiques p. 29).

(2) Why is Economics not an evolutionary science ? (Q. J. O. E. t. XII p. 373-97):

(3) The Preconceptions (Q. J. O. E. t. XIV p. 240-51).

(4) The Preconceptions t. XIII p. 415.

(5) The Preconceptions, t. XIV p. 260-4.

(6) Op et loc cit.

(7) v. Professor Clark's Economics (Q. J. O. E. t. XXII p. 147-95.

un ensemble de fins objectivement déterminées. Cette conception permettra à la discipline économique d'être intégrée pleinement dans le mouvement général des sciences ; d'ailleurs l'expérience économique démontre constamment le caractère illusoire de l'hypothèse psychologique traditionnelle; une partie appréciable de l'activité économique est dépensée à perte; la vie économique est dominée en dernier ressort, non par la réalisation d'une série ininterrompue de calculs concordant entre eux et avec la réalité, mais par « l'espoir qui jaillit éternellement du cœur humain » (1).

On peut remarquer en terminant que, dans son ensemble, l'école psychologique américaine est beaucoup moins éloignée de cette conclusion générale que de l'ancienne théorie hédonistique. La théorie de Fisher refuse, comme on l'a vu, le caractère de force directrice à tout élément autre que le désir ; la théorie de la valeur chez Clark a un caractère dynamique, fait appel à l'activité non passée mais actuelle, soumise à ses propres fins, attirée et non poussée dans les directions qu'elle suit, mue en définitive par l'espoir, comme l'indique expressément cet auteur (en concordance de vues, sur ce point, avec les conceptions développées chez Thorstein Veblen) (2).

Ainsi, bien que l'auteur qui vient d'être étudié ne se rattache pas à l'école psychologique (si l'on donne à ce terme sa signification courante actuelle, c'est-à-dire celle de groupement ayant pour trait d'union essentiel le développement de la théorie marginale de la valeur), son œuvre doit être comprise dans l'ensemble du mouvement de pensée accompli en vue de la pénétration de l'idée psychologique dans la théorie des richesses ; ses idées se trouvent sur des points essentiels, en concordance générale avec celles des représentants directs du mouvement étudié dans ce travail.

(1) *Professor Clark's Economics* (p. 193).
(2) v. *Philosophy of Wealth* (p. 53).

XI. — Clark (J. Maurice (1)

The Concept of Value (Q. J. O. E. t. XXIX 1914-15 p. 663-73) **A rejoinder** (ibid. p. 709-23) (2)

Les idées d'ensemble de J. M. Clark sur la Psychologie économique sont inspirées par la préoccupation de donner au programme de réforme scientifique exposé dans **Philosophy of Wealth** (de J. B. Clark) sa pleine réalisation (3).

Etant donné que l'Economique a pour but de déterminer l'efficacité de notre système de production pour la réalisation de nos fins sociales, il est nécessaire qu'elle ne se limite pas à la considération des activités, des points de vue individuels, mais qu'elle aborde aussi directement l'étude des fins sociales et de l'adaptation des ressources existantes à la réalisation de ces fins.

Cet effort ne peut être tenté avec succès que s'il s'appuie sur une information psychologique étendue à un cercle de mobiles, de modes d'action beaucoup plus large que celui qui a été exploré jusqu'à ce jour. La théorie marginale, loin de représenter le terme de l'ambition possible de la psychologie économique, n'a été, dans la pensée même de l'auteur de **Philosophy of Wealth**, qu'un premier pas dans la carrière si vaste ouverte devant elle (4).

La loi marginale repose sur la considération de faits psychiques

1) M. J. Maurice Clark, fils du professeur J. B. Clark, né en 1884 d'abord élève de Amherst College (1901-1905), puis étudiant et Docteur de Colombia University (1905-1908) a été instructeur d'Economique et de Sociologie à Colorado College (1908-1910) est actuellement Professeur associé d'Economie politique à l'Université de Chicago.

Outre les articles mentionnés dans le texte, les principales publications de J. M. Clark sont : *Standards of Reasonableness in local Freight Discrimination* (Colombia University Studies, 1910, thèse de Doctorat ; — *Hobson's Work and Wealth* (Q. J. O. E. t. XXIX, 1914-15 p. 177-80) ; — *The Basis of War-time Collectivism*, deux articles sur les rapports l'Economique et de la Psychologie (Journal of political Economy, Janvier et Février 1918). M. J. M. Clark a publié une seconde édition de l'ouvrage *Control of Trusts* de J. B. Clark, en collaboration avec l'auteur.

Les deux articles du *Journal of Political Economy* sur l'Economique et la Psychologie qui viennent d'être mentionnés constituent le bref exposé de théories qui font l'objet d'un ouvrage plus étendu en préparation. Les vues générales qui ont inspiré ces articles (et se trouvent exposées dans une lettre de M. le Professeur J. M. Clark) seront rapprochées des idées contenues dans les articles qui vont être directement étudiés.

(2) Le second article est une réplique à l'article : The Concept of Value further considered, d'Anderson (Q. J. O. t. XXIX, 1914-1915, p. 674-708.

(3) Lettre de M. J. M. Clark.

(4) v. *Philosophy of Wealth*, p. 36. L'auteur se propose de montrer le champ offert ainsi aux recherches psycho-économiques et de lui donner une très légère culture, dont les fruits ne pourront donner la mesure de la fertilité réelle du sol ainsi mis en exploitation.

relativement simples, elle tend à expliquer les valeurs d'échange, établies normalement sous l'action de la concurrence, par suite de combinaisons intervenant entre des appréciations individuelles. Elle ne peut expliquer les valeurs proprement sociales ; plus exactement, sa validité scientifique a les mêmes limites que l'aptitude pratique de l'action individuelle à la réalisation des fins sociales. Dans la mesure où le jeu des intérêts individuels peut être considéré comme constituant le moyen le plus probable de réaliser l'intérêt social, l'explication marginale demeure la formule la plus exacte de la valeur. Lorsqu'il s'agit au contraire de terrains sur lesquels la société possède une connaissance directe de ses propres fins, la théorie marginale cesse d'être dans son cas, l'utilité sociale doit être alors recherchée autrement qu'à travers les utilités individuelles, appréciée autrement qu'à travers ces mêmes utilités (1).

Ainsi se trouvent distinguées la valeur sociale et la valeur d'échange (2). La première de ces deux notions prend une importance croissante, à mesure que nous nous élevons au dessus des richesses nécessaires à assurer la vie matérielle seule, et que nous atteignons des utilités dont l'appropriation est de plus en plus difficile (3), comme le savoir, l'indépendance, etc.

Les rapports de la valeur sociale (degré d'adaptation d'un service à une fin collective) et de la valeur d'échange (résultante des estimations individuelles d'une richesse ou d'un service, comparés avec l'ensemble des richesses susceptibles d'être acquises et aliénées) sont extrêmement variés.

Parfois la valeur sociale d'un service est très supérieure à sa valeur d'échange ; d'autres fois, un objet a une valeur d'échange bien que sa valeur sociale réelle soit nulle ou négative. Ainsi, le whiskey a une valeur sociale négative, il conserve cependant une valeur d'échange par ce que sa valeur sociale négative est moindre que le coût qui résulterait de l'interdiction effective de sa consommation.

La valeur sociale de la liberté est telle que l'on accepte, pour ne pas risquer d'en compromettre le principe, de laisser subsister des valeurs sociales négatives, qui prennent place sur le marché parmi les valeurs d'échange. Il y a dans cet ordre de faits un exemple de la dérivation plus ou moins directe des valeurs d'échange à l'égard des valeurs sociales ; ce n'est pas toujours en elle-même, dans le service qu'elle rend directement, qu'une richesse puise sa valeur d'échange mais souvent dans l'action plus ou moins dis-

(1) Lettre de M. J. M. Clark.
(2) v. *The Concept of Value* p. 673.
(3) *The Concept of Value* (a rejoinder), p. 711, v. idée analogue dans *Philosophy of Wealth* (p. 215).

tante, plus ou moins complexe des forces sociales ambiantes (op·
cit. p· 713-14).

La valeur sociale est sous certains rapports régie par des lois
opposées à celle de la valeur d'échange, elle est anti-marginale.·
Tandis que la loi marginale tend, par une division virtuelle de la
richesse, à réduire la valeur d'un ensemble à un simple multiple
de la valeur de la plus petite fraction utilisable, mesurée par le
plus faible service rendu, la valeur sociale d'une richesse est souvent empruntée à la valeur de l'ensemble dont elle fait partie. La
valeur sociale n'est donc pas réductible aux valeurs d'échange ;
elle les domine, les pénètre, selon des modes extrèmement variés·

En reconnaissant ainsi l'action continuelle exercée sur la vie
économique par des forces non économiques dans leur principe, on
met fin à l'isolement persistant des théories de la valeur et de la
distribution à l'égard de l'ensemble de la science sociale; on donne
à la philosophie de la valeur et de la richesse le champ nécessaire à leur plein développement

Les idées de J. M· Clark sont donc représentatives d'un des principaux essais de renouvellement de la Psychologie économique,
basé sur l'étude de l'influence du milieu social tandis que d'autres essais (indiqués au cours de la notice précédente) reposent
avant tout sur l'étude des tendances natives

CHAPITRE III

Sources Anglaises

Sous ce titre on donnera d'abord quelques indications bibliographiques sur la **Théorie de l'Economie Politique** de Jevons (cet auteur ayant été, dans notre étude d'ensemble, considéré surtout comme un précurseur du mouvement d'idées directement envisagé). On retracera ensuite, dans leurs éléments essentiels, les contributions apportées au développement de l'Economie psychologique par Marshall, Wicksteed, Smart e Hobson.

I. — Jevons (Stanley) (1)

Théorie de l'Economie politique (Traduction Barrault, Paris Giard et Brière 1909, Préface de Painlevé XVII-404.

(1) En dehors de la réforme théorique à laquelle il devait plus particulièrement attacher son nom, Stanley Jevons (1835-1882), Professeur d'économie politique à University College à Londres (de 1875 à 1886), a par l'ensemble de ses travaux apporté une contribution importante à l'étude des phénomènes monétaires dans leurs rapports avec le crédit (V. Money and the Mechanism of Exchange 1875 — ouvrage traduit en français sur la 5e édition Paris, Alcan 1891 — Investigations in Currency and Finance, études réunies et publiées en 1884) et de diverses questions d'économie sociale (The State in relation to Labor 1882 ; Methods of social Reform — Etudes réunies et publiées en 1883): Dans le premier ordre d'idées il a soutenu, notamment, la nécessité d'un étalon de valeur multiple, « tabulaire », corrigeant les fluctuations de la valeur de la monnaie (v. notamment la Monnaie et le Mécanisme de l'échange, tr. fr. p. 270-2 ; — On peut comparer cette préoccupation à celle qui se trouvera énoncée dans la suite chez Fisher, v. supra ch. II, n. VII).
D'autre part, Jevons a considéré comme nécessaire la révision de la théorie du laisser-faire, admettant de plus en plus largement le principe de l'intervention:
La pensée économique de Jevons peut, par ses tendances générales, être rapprochée de son œuvre — importante aussi — comme logicien (v. notamment The Principles of Science, Londres Macmillan 1874, Studies in deductive Logic. 1880, Pure Logic ouvrage publié en 1890),qui a pour principales caractéristiques d'être inspirée par la défense de la méthode déductive et de placer au nombre des instruments les plus puissants de la pensée le principe de substitution des semblables (v. The Principles of Science 3e édit. p. 17) dont on a pu voir une application pure et simple dans la loi économique d'indifférence.
Parmi les études consacrées à Jevons v. Palgrave, Dict'onary of political Economy, Gide, Journal des Economistes 1881 t. XVI p. 179-91).

Les lignes essentielles de la théorie de Jevons se trouvaient déjà exposées dans une communication faite en 1862 à la **British Association (1) La Theory of Political Economy** parut en 1871 (2), la même année que l'ouvrage de Menger : **Grundsätze der Volkswirhs chaftslehre** ; l'indépendance réciproque d'inspiration de ces deux ouvrages est aussi certaine que la concordance générale de leurs résultats. (3)

La théorie de Jevons se présente comme un essai d'explication psychologique et mathématique de la valeur. « La valeur dépend entièrement de l'utilité » (4), ses variations se ramènent à des variations quantitatives de l'utilité. L'économie politique a pour fondement essentiel : « un calcul du plaisir et de l'effort » (5). Le système économique de Jevons repose sur cette idée essentielle que les éléments psychiques sont des quantités (6). Jevons a, dans la préface de la deuxième édition de son livre notamment indiqué les origines, les relations, les directions d'ensemble des idées qui s'y trouvent soutenues S'il s'attache à réagir contre certaines tendances de la pensée économique anglaise (plus particulièrement contre celles qui avaient prévalu à partir de Ricardo, (7) c'est en s'inspirant dans une large mesure des idées morales qui ont trouvé leur expression la plus caractéristique chez Bentham (8).

L'arithmétique morale, dans son effort d'unification des sentiments humains, réduits à des évaluations de quantités positives ou négatives de plaisir (mesurés par leur intensité, leur durée, leur

(1) Wicksteed *The Alphabet of Economic Science* (Londres, Macmillan 1888). — Jevons *Théorie de l'Economic politique* préface 2e édition p. 35.

(2) une 2e édition de cet ouvrage a paru en 1879, une 3e en 1888, une 4e en 1909

(3) L'ouvrage de Walras : *Eléments de l'Economie politique pure* qui parut en 1874 et aboutit à des résultats analogues à ceux de Jevons et de Menger, est complètement indépendant de toute influence de ces deux auteurs. Les articles de Clark qui, de 1877 à 1881, ont constitué le premier exposé de l'économie psychologique aux Etats-Unis sont, eux aussi, l'expression d'une pensée complètement originale. (v. Gide et Rist *Histoire des Doctrines* liv. I. p. 611).

(4) v. *Théorie de l'Economie politique* (traduction française, ch. I. Introduction p. 54.

(5) v. ch. I. p. 79

(6) ch. II, *Théorie du Plaisir et de l'Effort* (p. 85-95).

(7) v. notamment appréciation critique générale. Préface 2e édition (traduction française) pp. 42, 49-50 ch. VIII p. 371 ; — critique de la théorie de la valeur chez Stuart Mill (préfaces de la 1re et de la 2e édition pp. 1 et 7). — de la théorie classique de la distribution et en particulier de la théorie du fonds des salaires (ch. VIII, p. 361-2).

(8) v. *Préface* 2e édition p. 22 : l'auteur déclare que le point de départ de sa théorie peut être trouvé dans le système moral esquissé par Hutcheson (*An Inquiry into the Original of our Ideas of Beauty and Virtue*, 1720); — *An Essay on the Nature and Conduct of the Passions and Affections*, 1728), développé par Bentham (*A Table of the Springs of Action*, 1817 ; — *Introduction to the Principles of Moral and Legislation* (1823).

certitude leur proximité) (1), sert, en quelque sorte de préface à
la mathématique psychologique telle que la conçoit Jevons, telle
qu'il l'applique à une théorie avant tout « mécanique » de l'utilité (2).

La théorie de Jevons conserve donc des liens étroits avec la pensée anglaise, mais envisagée dans ses tendances essentielles, dans
sa technique et aussi dans ses résultats les plus durables c'est très
exactement qu'elle a pu se réclamer de la tradition scientifique
française (3).

Comme l'école française dans son ensemble, elle ordonne les
faits économiques sous la dépendance des besoins humains (4), estime que la production et la distribution des richesses doivent être
expliquées surtout par l'union, l'association normale des forces, des
activités économiques (5).

Si l'on s'attache non plus seulement aux directions générales
mais au contenu même de la théorie économique développée dans
l'ouvrage de Jevons, l'histoire de cette théorie apparaît comme
constituée par une série de découvertes dont un grand nombre
sont dues à des penseurs français (6).

C'est surtout dans la mesure où elles ont affirmé leurs affinités
avec la pensée française, que les idées de Jevons ont eu une influence vraiment profonde et durable sur les directions de la science économique. Leur action sur le développement de l'économie
mathématique se relie fortement à celles de Cournot, de Gossen (7);
au point de vue psychologique, les lignes générales de l'interprétation de Jevons seront de plus en plus rectifiées par ses successeurs dans le sens d'une élimination de la tradition de Bentham (8)

Ainsi le concept d'utilité finale sera débarrassé par la suite de
l'élément qui le rattachait trop exclusivement à un phénomène
de sensibilité ; l'utilité finale deviendra l'utilité marginale de l'école autrichienne, l'utilité effective de Clark ; à la notion d'expérien-

(1) v. sur l'utilisation de l'arithmétique morale de Bentham dans la
théorie économique de Jevons ch. I Introduction, p. 53-84. — ch. II
Théorie du Plaisir et de l'Effort p. 85-95).
(2) v. *Préface* de la 1re édit. p. 3, ch. I. p. 77 — Le développement
donné à la théorie de la consommation se trouve surtout appuyé par
l'autorité d'un disciple direct d'Hermann, médiat de Bentham (Banfield ; *Organization of Labour* (ouvrage constitué par une série de leçons faites à l'Université de Cambridge en 1844) ; il l'est aussi par elle
de Hearn (*Plutology or Theory of the Efforts to satisfy human Wants*
Londres 1864 v. *Théorie de l'Economie politique* ch. III. *Théorie de
l'Utilité*, p. 96-139.
(3 v. Préface de la 2e édition p. 42-3.
(4) v. ch. III p. 98.
(5) Préface 2e édition. p. 44. ch. VIII p. 360-8.
(6) v Préface de la seconde édition, p. 23-9, 42-3.
(7) v. Préface de la 2e édition p. 26-36.
(8) v. notamment, sur la nécessité d'émanciper définitivement la théorie économique de l'influence de Bentham, Fisher, *Recherches mathématiques* etc. pp. 9, 10, 29.

ce subie se substituera celle d'expérience active, d'évaluation non plus imposée du dehors (résultat d'impressions changeantes), mais basée sur l'appréciation exacte du pouvoir économique d'un groupe de richesses dans l'état actuel des ressources et des désirs.

C'est encore en se rattachant à la tradition française que Jevons a éliminé les théories classiques du fonds des salaires et du salaire naturel (1), entrevu une psychologie du travail plus compréhensive, relié déjà l'activité économique non plus, (comme l'avait fait l'économie classique anglaise) au mobile uniforme du gain mais à l'universalité des mobiles plus ou moins actifs, plus ou moins souples, plus ou moins variés, — les facultés de travail des divers individus, des divers peuples dépendant surtout du champ d'extension de leurs besoins (2).

L'abandon de la théorie du fonds des salaires a eu pour résultat de suggérer à Jevons une notion plus exacte de la fonction économique du capital ; le rôle exact de la notion de durée dans l'explication de l'intérêt se trouve déjà indiqué dans sa théorie (3), qui a pu être considérée comme le premier terme de l'évolution de la théorie psychologique de l'intérêt développée dans la suite par Böhm-Bawerk, Landry et Fisher.

---

(1) v. *Théorie de l'Economie politique* ch. VIII, remarques finales, population p. 358-71 ; Jevons considère que le salaire coïncide en dernière analyse avec le produit du travail (p. 363).

(2) v. ch. V *Théorie du Travail* p. 246-94, v. en particulier p. 263-4 Fisher les subordonnera dans une large mesure au degré d'imagination économique de prévision, de patience (v. supra ch II, n° 7.

(3) ch. VII, p. 310-16.

II. — Marshall (Alfred) (1)

Principles of Economics (vol I. 5e édit. Londres Macmillan 1907. XXXVI-870 p. (2).

Les Principes d'Économique de Marshall, dont l'autorité en Angleterre et même dans l'ensemble des pays de langue anglaise a pu être comparée à celle dont a joui le traité de Stuart Mill, se caractérisent avant tout par une affirmation de continuité entre la tradition classique et l'Économie pure.

Dans la préface de la première édition, Marshall déclare avoir été amené, dès 1867, sous la suggestion directe de Cournot et aussi, bien qu'à un moindre degré, de Thünen, à considérer que « nos observations sur le monde moral, aussi bien que sur le monde physique, se rapportent moins à des quantités prises dans leur en-

(1) M. Marshall, né en 1841, Professeur d'Économie politique à l'Université de Cambridge a, outre les *Principles of Economics*, publié, notamment, les travaux dont l'énumération suit : *The present Position of Economics*, (Londres, Macmillan 1885 ; — *The Economics of Industry* (Macmillan Londres 1887) ; — *Letter on the Theory of Value* (Q. J. O. E. t. I 1886-87, p. 359) ; — *The Theory of Business Profits* (Q. J. O. E. t. I 1886-87 p. 477) ; — *Wages and Profits* (Q. J. O. E. t. II, 1887-88, p. 218 ; — *Letter on Business Profits and Wages* (Q. J. O. E. t. III, 1888-89 p. 109) ; — *The old Generation of Economists and the new* (Q. J. O. E. t. XI, 1896-97, p. 115-35 ; — *A Plea fort the Creation of a Curriculum in Economics and associated Branches of Political Science* (1902, 18 p.) ; — *The social Possibilities of Economic Chivalry* (The economic Journal, Londres, Mars 1907, p. 7-30); — *Fiscal Policy of International Trade* (Londres 1908, rapport publié par la Chambre des Communes).

Parmi les publications consacrées à l'étude des théories économiques de Marshall, v. Wagner, *Marshall's Principles of Economics* (Q. J. O. E. t. V. 1890-91, p. 319-38), Simiand, Remarques sur l'Économie mathématique en général (*Année sociologique* t. XI, p. 517-47).

(2) La première édition des *Principes* est de 1890, la 2e de 1891, la 3e de 1895, la 4e de 1898, c'est sur cette 4e édition qu'a été faite la traduction française de Sauvaire-Jourdan et Bouissy, Paris, Giard et Brière, 1er vol. 1906 — 2e vol. 1909, cette traduction a utilisé la 5e édition à partir du livre VI, ch. XI. A l'heure actuelle l'ouvrage est arrivé à sa 7e édition. Il demeure encore inachevé. L'auteur explique (préface 5e édition p. V-VI) que, dans ses projets primitifs, un second volume devait être consacré à l'étude directe des faits économiques et retracer la révolution industrielle contemporaine. Il a paru par la suite que la réalisation de ce programme représenterait un ouvrage beaucoup plus étendu, dont l'exécution entière n'a pas été poursuivie. M. le Professeur Marshall a différé l'achèvement de ses *Principes*, comptant publier deux volumes formant des traités distincts l'un sur l'Industrie et le Commerce nationaux, l'autre sur la Monnaie, le Crédit et le Travail. Ensuite, une synthèse de ces deux ouvrages, à laquelle auraient été jointes quelques indications sur les fonctions économiques de l'Etat, devait former le second volume des *Principes*. Par la suite, le traité de l'Industrie et du Commerce, en préparation, a pris l'extension de deux volumes, dont l'un très proche d'être publié.

semble qu'à des augmentations de quantités : qu'en particulier, la demande d'une richesse est une fonction continue dont l'incrément marginal se trouve, lorsque l'on est en état d'équilibre stable, contrebalancé par l'incrément correspondant du coût de production (1) » Marshall est donc, par une voie originale, sans emprunt direct aux fondateurs des écoles psychologiques proprement dites, parvenu à une notion synthétique de la valeur marginale, notion subjective et objective, ne séparant pas le désir et le coût, montrant au contraire dans les diverses expressions du prix le résultat de l'interaction continue de ces deux forces. La théorie de la valeur restera, chez Marshall, transactionnelle, véritable formule d'équilibre entre les éléments psychiques et objectifs (2)

Si l'économie classique a, dans ses expressions, dans sa formule de la valeur (beaucoup plus que dans le fond de sa pensée) fait une place trop réduite à l'utilité, les écoles psychologiques jevonienne (3), autrichienne (4) ont sous-évalué l'importance exacte du coût de production. L'œuvre théorique accomplie par ces écoles se trouve, comme celle accomplie par l'école américaine (5), utilisée avec indépendance dans les **Principles of Economics**

Rattachée directement à Cournot, la pensée économique de Marshall a, comme l'indiquent ses origines, sa préoccupation essentielle, un caractère mathématique (6). Mais l'application des formules mathématiques se trouve limitée aux cas dans lesquels

(1) Préface 1re édit. ; reproduit dans 5e édit. p. XIX-XX.
(2) v. *Principles* liv. V, ch. III p. 348-9 et appendice I. p. 813-21.
(3) v. sur Jevons : Appendice I, *Ricardo's Theory of Value* p. 813-21 « Peu d'écrivains des temps modernes ont été aussi proches que Jevons d'atteindre la brillante originalité de Ricardo. Mais Jevons paraît avoir jugé Ricardo et Mill trop sévèrement, et leur avoir attribué des doctrines plus étroites et moins scientifiques que ne l'étaient leurs véritables doctrines (p. 817) ; — Le mérite essentiel de Jevons aurait été de rendre intelligible, sans le secours du langage mathématique, sous le nom de théorie de l'utilité finale, les relations qui existent entre les petites variations de deux éléments qui changent graduellement en connexion causale l'un avec l'autre. v. *Principles*, p. 101 ; — les rapports de la valeur et du coût de production auraient été indiqués chez Jevons en une formule dont le principal défaut est d'être trop peu flexible unilatérale, inadaptée aux interactions complexes de la vie économique (p. 818-19).
(4) v. notamment liv. VI, ch. II p. 536.
(5) v. sur l'école américaine appendice B. p. 766 : « De nouvelles écoles de penseurs vigoureux se développent en ce moment ; certains signes permettent de croire que l'Amérique est en train de prendre, dans le domaine de la pensée économique, la même position directrice qu'elle a déjà acquise dans la pratique économique ».
(6) v. Préface XIX-XX — « Il n'est pas facile d'avoir une vue complètement nette de la continuité envisagée à ce point de vue (au point de vue de la notion marginale de valeur) sans l'aide des symboles mathématiques ou des diagrammes ». L'auteur préfère, en principe, les diagrammes qui peuvent être compris sans initiation spéciale;dans la 5e édition, les notes mathématiques, se trouvent concentrées dans un appendice p. 838-58).

8

une simplification réelle, un contrôle effectif des conclusions peuvent être obtenus grâce à leur usage : quand un trop grand nombre de symboles mathématiques doit être mis en usage, il en résulte une fatigue pour tout autre que l'auteur lui-même (1).

La science économique est considérée par Marshall comme une science avant tout psychologique : « étude de l'humanité dans les occupations ordinaires de la vie, elle examine cette partie de l'action individuelle et sociale qui se rattache le plus étroitement à l'acquisition et à l'usage des choses matérielles nécessaires au bien-être. Ainsi, elle constitue, d'une part, l'étude de la richesse, d'autre part l'étude de l'homme et c'est cette dernière qui est la plus importante. Le caractère de l'homme a été en effet modelé par son travail de chaque jour... » (2) L'importance du point de vue psychologique dans la science des richesses se trouve mesurée par l'étendue réelle de la place occupée par l'activité économique dans la vie humaine (3).

La science économique méconnaîtrait donc l'importance réelle de son objet, si elle se considérait comme limitée à l'étude des mobiles purement égoïstes (4).

La caractéristique vraiment essentielle de l'Economique n'est pas de s'attacher aux actes uniquement inspirés par l'intérêt personnel mais à ceux dont les mobiles peuvent être le plus complétement mesurés ; si elle rapporte en général les actions à leur résultat pécuniaire ce n'est pas qu'elle considère la possession de l'argent comme leur but dernier et uniforme mais seulement qu'elle considère la monnaie comme l'instrument le plus largement utilisable pour la mesure de l'énergie des divers mobiles d'action (5).

La science économique doit donc se préoccuper non «d'un homme abstrait ou économique » (p. 27), mais de l'action humaine, envisagée dans toute la complexité de ses mobiles individuels, sociaux (6).

(1) p. XX.
(2) v. livre I, ch. I, p. 1.
(3) v. op. cit. p. 1-2.
(4) v. liv. I, ch. II, p. 14-28. L'auteur rappelle que faute d'avoir suffisamment indiqué le caractère médiat des désirs économiques proprement dits et réservé l'action des mobiles moraux dans les directions données à la richesse, les premiers économistes ont suscité contre la science économique en général les attaques de Carlyle et de Ruskin notamment (v. p. 22).
(5) v. op et loc cit.
(6) Les économistes, comme tous les autres savants occupés de science sociale, ont à étudier les individus surtout comme membres de l'organisme social. De même qu'une cathédrale est quelque chose de plus que les pierres qui la composent, qu'une personne est quelque chose de plus qu'une série de pensées et de sentiments, la vie de la société est quelque chose de plus que la somme des vies de ses membres individuels (op. cit. p. 25).

Les perspectives d'influence économique ouvertes aux mobiles so-

Les faits économiques doivent être étudiés avant tout comme des faits d'activité, aussi Marshall, bien qu'il reconnaisse que le rôle de la consommation a été trop faiblement apprécié par l'économie classique, (1) se refuse-t-il à considérer, comme l'avait fait Jevons, la théorie de la consommation comme la base scientifique de l'Economique. Si dans la période primitive du développement humain les besoins suscitent les activités, plus tard se sont surtout de nouvelles activités qui suscitent de nouveaux besoins (liv. III ch. II, p. 86-91).

Cette conception dynamique aura une influence marquée sur la méthode générale de Marshall L'idée centrale de son livre peut se résumer dans la notion de force vivante et de mouvement (p. X). S'il est vrai que les forces économiques se combinent plus souvent d'une manière mécanique que chimique, ce qui permet que la méthode déductive leur soit appliquée dans une assez large mesure (2), la science économique n'est pas du même ordre que les sciences physiques : d'abord, il n'est pas rare que les combinaisons de

ciaux élevés, ont fait l'objet d'une étude spéciale : *The social Possibilities of Economic Chivalry* (the Economic Journal, Mars 1907). L'auteur, dans cet article, essaie de démontrer que la vie économique contemporaine a été trop sévèrement appréciée, que le développement économique a fait une place beaucoup plus large qu'on ne le dit en général à l'action des forces morales dans la production comme dans la consommation des richesses « Je désire suggérer qu'il y a beaucoup de chevalerie latente dans la vie des affaires et qu'il y en aurait beaucoup plus si nous cherchions à la connaître et si elle était honorée comme l'était la chevalerie médiévale de la guerre »... (p. 8).

La chevalerie « de la richesse » ou « des affaires » implique le dévouement à l'intérêt public, elle implique aussi « le plaisir éprouvé à accomplir des actes nobles et difficiles, parce qu'ils sont nobles et difficiles »... « le mépris des victoires trop faciles, la joie ressentie à venir en aide à ceux qui ont besoin d'une main secourable. Elle ne dédaigne pas les gains qui peuvent être obtenus en chemin, mais elle a le bel orgueil du guerrier qui estime le butin d'une bataille victorieuse ou le prix d'un tournoi surtout pour le succès dont ils sont témoignage et en second lieu seulement pour la valeur à laquelle ils peuvent être estimés en monnaie courante » (p. 8).

L'auteur établit ensuite que le principal motif qui ait inspiré les plus hautes initiatives industrielles consiste dans le désir chevaleresque de se rendre maître des difficultés et de s'élever au premier rang (p. 8-10). Il est d'autant plus nécessaire d'honorer d'avantage les hautes facultés d'imagination industrielle que le développement de la bureaucratie est hostile à l'essor de ces facultés (p. 10-19). Le développement de la chevalerie économique, par les directions qu'il imprimerait aux activités et aux richesses individuelles, par la coopération qu'il susciterait entre l'Etat et des particuliers riches pour l'amélioration des conditions économiques de la vie, amènerait un état social florissant par l'essor de l'initiative privée et enlèverait probablement sa raison d'être à la propagande collectiviste (p. 19-23). — cp sur ce point Fisher *Health and War* : dans cet article, Fisher recherche les moyens d'incorporer à l'activité ouvrière l'intérêt, l'appel aux aspirations élevées qui donnent à l'activité industrielle directrice son attrait le plus puissant.

(1) liv. III ch. I p. 83-85 ; l'auteur insiste sur la nécessité de développer les statistiques de consommation (liv. III ch. IV p. 113-16).

(2) v. appendice C p. 771.

forces économiques soient régies par l'arbitraire apparent de la chimie plutôt que par la simple régularité de la pure mécanique (1).

Plus complexe même, sous certains rapports, que la chimie, elle a un objet dont la constitution intérieure, aussi bien que la forme, est en continuel changement. L'Economique peut être considérée, au sens large de ce terme, comme une branche de la biologie (2). Aussi, la forme mécanique, l'allure statique de certaines démonstrations sont elles utilisées seulement comme des auxiliaires momentanés des conceptions dynamiques ou plutôt biologiques (3). Il n'y a donc pas deux parties distinctes dans la science économique l'une statique, l'autre dynamique, mais seulement un effort tenté pour arriver d'abord à une conception nette des forces économiques les plus générales, à une organisation des données scientifiques dans le sens de la complexité progressive (4).

Parmi les résultats essentiels de cette interprétation du monde économique, envisagé comme le développement continu d'une activité vivante, on doit noter une conception du revenu rattachée à un point de vue non plus individualiste et pécuniaire mais collectif et psychique Le revenu peut être considéré comme comprenant tous les avantages que les hommes retirent à un moment donné des efforts qu'ils ont faits dans le présent et dans le passé, pour tirer le meilleur parti possible des ressources de la nature ; le revenu peut être considéré comme « the usance of property » (5).

La notion de développement vivant, continu, sera appliquée notamment à la théorie de la rente. La rente du sol n'est pas un phénomène unique, mais seulement l'espèce principale d'un genre très nombreux de phénomènes économiques. il y a une gradation continue entre la vraie rente perçue à l'occasion des libres dons de la nature que l'homme s'est appropriés le revenu dérivé d'améliorations définitives du sol et enfin les revenus obtenus des biens moins durables (liv. VI ch. IX, p. 629). D'autre part la théorie du surplus du consommateur suggère la généralisation pos-

---

(1) p. 772, exemple : l'élévation légère du revenu d'un individu augmentera généralement ses achats dans une faible mesure et dans toutes les directions antérieurement suivies ; mais une large addition au revenu antérieur peut altérer ses habitudes, peut être augmenter son respect de lui-même et l'amener à cesser complètement de se soucier de certaines richesses ; cp. sur le caractère chimique de certaines réactions économiques Clark *Philosophy of Wealth* p. 34.

(2) op. cit. p. 772.

(3) préface p. X.

(4) op. cit. XII. L'auteur compare sur ce point ses vues à celles de Clark, dans *Distribution of Wealth*. Clark a essayé d'isoler d'une manière plus continue les forces statiques des forces dynamiques. Cette différence de points de vue n'entraîne d'ailleurs pas entre les deux auteurs de divergence importante sur le fonds même des théories.

(5) liv. II ch. IV p. 76-77.

sible de la notion de rente à l'ensemble des actes, des éléments économiques, en même temps qu'elle accentue l'importance de l'élément psychique dans la notion de revenu (liv. III ch. VI p.121-37).

Dans leur ensemble, les théories de Marshall apparaissent donc comme imprégnées de l'idée psychologique ; le soin mis par l'auteur à conserver, le plus possible, les cadres de la théorie traditionnelle, loin d'être en désharmonie véritable avec les buts dominants de l'économie psychologique, ne fait que rappeler la fonction essentielle d'unification historique qui, dans l'ensemble a été remplie par l'économie pure à l'égard de l'économie classique.

III. — Wicksteed (Philip H.) (1)

A. — The Alphabet of Economic Science
(Londres, Macmillan 1888, XIII-142)

Cet ouvrage a pour but de continuer l'œuvre de Jevons, de reconstruire la science en utilisant les données du sens commun « de faire descendre l'économique des nuages », de nous rendre

(1) M. le Professeur Wicksteed (né en 1844) appartient à la fois à l'école mathématique et à l'école psychologique. Son but essentiel a été de continuer l'œuvre entreprise par Jevons. Mais c'est la lecture, vers 1884, de *Progress and Poverty* d'Henry George (paru en 1879) qui suscita pour la première fois son intérêt pour les questions économiques. M. Wicksteed, pasteur unitaire, puis professeur s'était jusqu'alors consacré exclusivement à des travaux théologiques (traductions d'ouvrages hollandais et français, essais originaux) et littéraires (traductions et commentaires de l'œuvre de Dante).

D'ailleurs, même après s'être associé au mouvement des idées économiques, M. Wicksteed a poursuivi son enseignement et ses travaux littéraires. Des recherches sur les sources de la pensée de Dante l'ont amené notamment à des études approfondies sur Aristote et Saint-Thomas d'Aquin.

Entièrement acquis d'abord aux idées d'Henry George, Wicksteed se trouva attiré simultanément par les questions d'économie scientifique et d'économie sociale.

S'étant mis en rapports avec un groupe d'études dirigé par Bernard Shaw (et devenu le centre de formation et de propagande du socialisme fabien) il fut amené à réagir contre la direction prise par ce groupe qui, disciple d'Henry George à l'origine, s'était laissé gagner au socialisme marxiste.

Dans un journal (« to-day ») publié alors par le groupe fabien, il écrivit un article critique sur la théorie de la valeur chez Karl Marx. Une controverse poursuivie entre Bernard Shaw et Wicksteed à la suite de cet article eut le résultat très rare d'amener la conversion de l'un des deux adversaires. Bernard Shaw(et avec lui le groupe fabien)se détourna du marxisme pour s'arrêter à une conception sociale très différente (v. sur le socialisme fabien Gide et Rist, *Histoire des Doctrines économiques* liv. V, ch. II p. 677-86.

En même temps, qu'il exerçait ainsi son action sur un mouvement social important, Wicksteed entreprenait l'étude critique des théories

clairs « nos expériences, nos actes quotidiens aussi bien que le
grand mécanisme industriel et commercial de la Société» (préface p. X). Ce n'est pas seulement par son but, mais aussi par sa
forme, sa méthode mathématique que cet ouvrage s'inspire de la
tradition de Jevons. Pour démontrer le lien qui unit la valeur
d'échange à la valeur d'usage, soumises toutes deux à la discipline
de l'utilité marginale, l'auteur fait surtout appel à la théorie des
fonctions· « La valeur d'usage et la valeur d'échange de toute richesse constituent deux fonctions distinctes mais connexes de la
quantité de cette richesse possédée par les personnes, ou le groupe
social qui ont à l'évaluer ». (p. 1) Ainsi, la valeur d'usage, qui consiste dans la somme des avantages obtenus par l'usage direct (consommation) d'une richesse, est une fonction de sa quantité, elle
croit ou décroit lorsque cette quantité change (p· 6-7)· Quant à la
valeur d'échange elle peut être définie « la valeur d'usage marginale relative, fonction de la quantité possédée » (p· 102)· Les principales vues de l'auteur (universalité d'application du point de
vue marginal p. 46, 68 ; possibilité d'utilisation très large des actes de consommation, de l'économie domestique, pour l'intelligence
de la théorie de la valeur (p· 47) ; formule du maximum de satisfaction cherchée dans l'échange par l'égalisation des valeurs relatives des quantités marginales échangées (p· 124-30), se retrouve-
ront dans l'ouvrage **The Common Sense of Political Economy.**

de l'école classique anglaise, se pénétrait des idées de Marshall, de
Walras, de Launhardt et surtout de l'esprit général de la réforme de
Jevons. (v. Wicksteed : On certain passages in Jevons, Theory of Political Economy, Q. J. O. E. t. III 1888-89). Son premier ouvrage (exposé
mathématique de la théorie de la valeur), publié en 1888 sous le titre
— The Alphabet of Economic Science, était le résultat de communica-
tions lues et discutées dans un cercle d'amis (dont la dédicace du livre
rappelle le souvenir), parmi lesquels se trouvaient le professeur
Foxwell, Edgeworth (depuis professeur, devenu l'un des principaux représentants de l'économie mathématique en Angleterre), Bernard Shaw,
Graham Wallas. En 1894, Wicksteed publiait une autre étude d'économie mathématique : An Essay on the Co-ordination of the Laws of
Distribution.
A partir de 1898, Wicksteed s'est consacré plus complètement aux
études économiques, a été amené, par des recherches faites sur les conditions de la vie industrielle, à se convaincre de la concordance qui
existe entre les principes de la théorie jevonienne et les faits économiques. Sous les auspices du Professeur Leds Smith, il est entré en rapports avec le Collège Ruskin à Oxford, a donné aux étudiants de ce collège plusieurs séries de leçons ; de cet ensemble d'études, d'échanges
d'idées est sorti son principal ouvrage : The common Sense of Political Economy (1910).

B. — The common Sense of Political Economy

Including a Study of the human Basis of economic Law (Londres Macmillan 1910 XI-702).

Si les ouvrages antérieurs de Wicksteed (**The Alphabet of economic Science ; An Essay on the co-ordination of the Laws of Distribution**) étaient surtout des exposés mathématiques, **The Common Sense of Political Economy** bien qu'inspiré au fond des mêmes tendances que ces ouvrages, est avant tout un essai — l'un des plus prolongés, les plus directs qui aient été tentés — de psychologie économique.

Toujours inspiré par les tendances de Jevons, Wicksteed a pour but essentiel de construire une synthèse de la théorie marginale, de montrer comment l'idée maitresse de cette théorie établit à la fois la continuité des actes économiques à l'égard de l'ensemble des actes humains et l'unité intérieure du système économique. (1)

La psychologie économique doit être ramenée à une application de la psychologie du choix (2). Toute la série de nos actes, réfléchis ou impulsifs, résulte de l'estimation plus ou moins rapide, plus ou moins heureuse d'un prix. Le prix, au sens large du mot, peut être défini l'ensemble des conditions auxquelles une alternative nous est offerte (3). Dans tous les domaines de l'action, le prix se trouve évalué selon le même principe du rendement psychique décroissant, dont l'application économique, due à l'initiative de Jevons n'a été « comme beaucoup de grandes découvertes, que la découverte de l'évident » ; (4) c'est d'après la même loi fondamentale des limites que l'on dispose de ses ressources extérieures et de sa propre activité, de son temps (5).

La vie économique n'est donc point régie par des lois essentiellement distinctes, par des mobiles simples, constants, mais par l'ensemble des mobiles humains. Il n'y a pas de mobile économique mais des rapports économiques qui peuvent être définis: « le mécanisme au moyen duquel les hommes consacrent leur

(1) v. Introduction p. 1-9.
(2) v. Introduction p. 3.
(3) v. liv. I. ch. I. p. 27.
(4) v. Introduction p. 1.
(5) « César nous dit comment, quand il fut surpris par les Nerviens, il eut juste le temps de haranguer ses soldats, ce qui implique évidemment que la harangue fut plus courte que de coutume. Il sentait que, même à un moment si critique, quelques instants étaient bien employés à exhorter ses troupes; mais la valeur de ces paroles d'exhortation déclinait à la marge et le prix payé en différant l'attaque augmentait rapidement ; aussi le moment fut-il vite atteint où le temps pouvait être employé mieux qu'à prolonger un discours entraînant » (ch. XII p. 79).

énergie à s'aider dans l'accomplissement immédiat de leurs projets respectifs, chacun d'eux poursuivant en définitive la réalisation de ses propres buts, quels qu'ils soient, et quelle que soit la nature égoïste ou altruiste des motifs qui inspirent ses desseins et stimulent ses efforts en vue de leur réalisation » (1). D'où, quatre propositions essentielles au centre de la théorie de Wicksteed :

(a) Les relations économiques ont pour mobiles tous les buts, toutes les impulsions de l'homme, elles ne reposent ni exclusivement, ni même spécialement sur des sentiments égoïstes.

(b) Les forces et les rapports économiques n'ont aucune tendance propre à redresser les injustices sociales ou à s'allier avec un système idéal de justice distributive.

(c) L'hypothèse de l'isolement complet des rapports économiques, même si on la considère seulement comme une première approximation, est trop éloignée de la réalité pour être admissible, elle serait vaine et superflue dans toute circonstance ; les rapports économiques, de même qu'ils sont naturellement unis aux autres rapports sociaux (à des degrés extrêmement variés) ont eux-mêmes une tendance à susciter ces autres rapports.

(d) Il est cependant légitime et désirable de faire une étude séparée des rapports économiques et des forces économiques, (l'auteur entend par forces économiques l'ensemble des conditions matérielles et psychiques qui imposent aux hommes d'entrer en relations économiques les uns avec des autres), bien que l'on rejette l'hypothèse de l'existence ou de l'action isolée de ces rapports et de ces forces (2).

Pas plus qu'on ne peut isoler l'activité économique dans l'ensemble de l'activité humaine, les divers actes économiques ne sauraient être morcelés C'est d'abord la séparation souvent établie entre les théories respectives de la production et de la consommation des richesses qui doit faire place à leur interpénétration profonde.

Fidèle à la tradition de Jevons, Wicksteed attache à la théorie de la consommation une importance explicative extrême. L'administration intérieure des ressources, l'économie ménagère rencontrent, résolvent les problèmes que l'on retrouvera, amplifiés, mais non altérés, dans l'économie industrielle. Au lieu de laisser en dehors de la science économique ces aspects de l'activité, on doit les prendre pour point de départ, comme constituant les termes simples, nets, auxquels on essaiera de ramener les éléments plus complexes rencontrés par la suite (3).

C'est en montrant comment un acheteur individuel adapte ses

(1) Introduction p. 4, v. dans le même sens livre 1 ch. V p. 163.
(2) v. liv. I, ch. V, p. 169-70.
(3) liv: I, ch. I, p. 18-25.

transactions aux prix du marché que l'on aperçoit déjà l'explication du mécanisme par lequel, dans l'ensemble, les prix s'adaptent à la collectivité des achats. C'est en se plaçant en face du problème économique individuel, celui de l'égalité à établir entre la valeur subjective de la dernière parcelle de richesse acquise et le prix d'acquisition de cette richesse que l'on saisit le plus nettement, dans sa compréhension et dans son extension, la loi marginale de la valeur.

Envisagée dans sa compréhension exacte, la loi marginale tend à faire dépendre la valeur d'un ensemble de richesses, à un moment déterminé, du service qui se trouve lié à une « augmentation ou à une diminution légère du stock possédé ». (1)

C'es en faisant appel à la théorie des limites que l'auteur attribue une signification psychologique égale à l'unité marginale ajoutée (**marginal Increment**) ou retranchée (**marginal decrement**.) L'unité marginale est en réalité assez importante pour que son action soit distinctement ressentie, évaluée, mais assez petite pour que la différence de valeur existant entre deux unités successives ne soit pas perçue. (2).

Parmi les fluctuations continuelles des valeurs subjectives, le problème de l'équilibre intérieur de la consommation consiste dans une répartition des ressources telle que les valeurs subjectives des parcelles de richesse acquises au moyen des achats marginaux soient toutes égales au prix de ces richesses sur le marché, ce qui revient à dire que les unités de monnaie employées aux achats marginaux dans toutes les directions doivent correspondre à des valeurs subjectives égales; s'il en était autrement il y aurait place pour la vente de l'unité marginale de richesse inférieure, par sa valeur subjective, au prix du marché, et pour l'augmentation du stock de richesses dont la valeur subjective est encore supérieure à son évaluation monétaire collective. Equilibre signifie épuisement du bénéfice susceptible d'être tiré de l'échange, absence d'intérêt pour un échange ultérieur.

Après avoir défini, dans leurs termes essentiels, les notions d'unité, d'utilité marginale, Wicksteed en a étudié la représentation au moyen des courbes d'utilité (3). Selon le mode de représentation graphique adopté notamment par Jevons, l'économie des courbes d'utilité peut se résumer ainsi : sur une ligne horizontale une série de segments égaux figurent des quantités égales d'une même richesse, acquises successivement par un même individu. Des extrémités de chaque segment, s'élèvent deux lignes verticales parallèles éga-

(1) liv. I, ch. II, p. 40.
(2) v. Liv. I, ch. II, p. 56-61; — (v. sur l'application de l'idée de taux « limite » à la théorie marginale p. 57-60).
(3) v. liv. II, ch. II et III, p. 439-492.

les, figurant l'utilité de la parcelle de richesse représentée par le segment inférieur, ces deux lignes sont réunies à leurs sommets par une ligne horizontale égale et parallèle au segment inférieur. Le rectangle ainsi élevé au dessus de chaque segment de l'abscisse représente l'utilité retirée de l'unité de richesse figurée à la base. La série des rectangles aux bases inférieures égales, mais inégaux dans leurs hauteurs respectives (les hauteurs représentatives du degré d'utilité de chaque expérience diminuant à mesure que ces expériences se répètent) constitue le support de la courbe d'utilité (1).

Interprétant la signification des courbes d'utilité, l'auteur estime qu'elles impliqueraient, pour que leurs indications correspondissent pleinement à la réalité, la mesure directe des utilités plus exactement des satisfactions au moyen d'une unité commune, (p.440). Les difficultés de construction d'une courbe d'utilité consistent surtout dans l'instabilité de la signification psychologique de l'unité monétaire (2). Deux catégories de courbes peuvent être imaginées la courbe de satisfaction totale et la courbe de prix et de quantités achetées. L'une répond à la question suivante : « combien paieriez-vous une once de thé, par exemple, dans telle et telle circonstances ? » l'autre à la question suivante : « quelle quantité de thé achèteriez-vous s'il était vendu tel ou tel prix ?» (3)— Cette dernière courbe est la plus accessible, la première étant celle qui exprime le fait à la fois le plus essentiel et le plus incertain dans son expression (4).

Outre les difficultés de la construction d'une courbe isolée, on doit signaler aussi les difficultés encore plus graves résultant du rapprochement des courbes des diverses richesses Dès que deux richesses sont, à un degré quelconque, les substituts l'une de l'autre leurs courbes respectives tendent à s'infirmer mutuellement, puisque dans la construction de chacune d'elles on a fait abstraction de toute influence autre que les variations de quantités qui lui sont propres. La courbe d'utilité totale du thé et celle du café, par exem-

---

(1) L'auteur montre ensuite comment, par la diminution graduelle des unités de base, on arrive à rapprocher la ligne brisée formée par les sommets des rectangles d'une ligne courbe, obtenue enfin en traversant la ligne brisée des sommets de manière à ajouter et à retrancher alternativement des surfaces égales à chacun des rectangles successifs (v. liv. II, ch. II, p. 439-51 et figure 103).
(2) v. Liv. II, ch. II, p. 467.
(3) Liv. II ch. II, p. 472-3.
(4) Les courbes qui prétendent donner une information sur ces deux ordres de faits variation des quantités achetées selon les divers prix demandés, — estimation pécuniaire ou psychique de la satisfaction totale donnée par ces achats sont en réalité des courbes de tempérament, semblables à « une touche de piano qui n'est ni un ré dièse, ni un mi bémol, mais un compromis entre ces deux notes».

ple, réagissent l'une sur l'autre et chacune, par ses propres mouvements, tend à démentir les prévisions de l'autre dans une mesure plus ou moins large. Plus exactement, on pourrait dire qu'elles n'ont pas de signification séparée et doivent être constamment rectifiées l'une par l'autre (p. 475-76).

Wicksteed en arrive ainsi à s'expliquer sur l'intérêt véritable de la théorie marginale. Il est permis de se demander si une méthode qui nécessite tant de précautions et d'explications vaut d'être adoptée. La réponse est que le principe de l'importance marginale déclinante est absolument fondamental. La doctrine qui attribue un surplus de value à une richesse achetée sur le prix payé se déduit inévitablement de ce principe.

On ne peut déterminer sans lui les rapports existant entre la valeur d'usage et la valeur d'échange.

· Il sert de base aux discussions actuelles sur l'importance d'une distribution plus égale de la richesse. Il est intimement lié aux rapports de l'Economique et de la vie. Faute d'une compréhension claire de ce principe, une confusion perpétuelle se trouve apportée dans nos spéculations ; des perplexités, des contradictions embarrassent l'étude de la science économique. Il est donc de première importance que nous essayons de déterminer exactement ce qu'il est et jusqu'où il nous mène (p. 487). Wicksteed s'applique à déterminer le principe marginal non seulement dans sa compréhension mais dans son extension, il s'attache à démontrer que ce principe embrasse, à des degrés inégaux de complexité, l'universalité des désirs (liv.II.ch.I et II,pp.401-73) envisagés non seulement sous leur aspect économique, mais dans l'ensemble de leur carrière. L'auteur se trouve ainsi amené à insister sur l'aspect quantitatif des jugements moraux (p. 405-6), à indiquer la valeur économique « hédonistique », d'une discipline morale dans la consommation, d'un usage modéré des richesses (1).

La théorie de la consommation contient donc en elle-même l'explication essentielle de la valeur. Le problème social de l'échange sera une expression nouvelle du problème de l'équilibre, déjà impliqué dans la consommation. De même que l'équilibre idividuel consistait dans la correspondance, à la marge, des valeurs subjectives et des prix du marché, l'équilibre collectif sera réalisé lorsque toutes les richesses suceptibles d'échange occuperont, à la marge, la même place relative sur l'échelle de préférence de chacun des individus ayant accès à un marché déterminé, c'est-à-dire lorsque aucun échange nouveau n'aura plus de raison d'être (2).

(1) v. liv. II ch. I. p. 429-35. L'auteur a d'ailleurs soin d'indiquer que sa théorie n'implique pas une adhésion à la morale hédonistique.
(2) v. liv. I. ch. IV, p. 126-57.

La dépendance de la théorie de l'échange à l'égard de la théorie de la consommation a pour résultat de suggérer la notion d'unité des forces du marché. Le dualisme de l'offre et de la demande était purement artificiel, une seule force agit sur le marché c'est la demande, le rôle du vendeur se ramène à l'expression d'une demande rivale, mise en présence de la demande de l'acheteur ; un vendeur résolu à ne pas aliéner sa marchandise au dessous d'un prix minimum devient en réalité l'acheteur de sa propre chose ; le mécanisme réel de la vente se trouve mis en relief dans les enchères où le possesseur de l'objet concourt directement avec les acheteurs (1).

L'unification de l'offre et de la demande implique en réalité, la réduction du coût à l'utilité, c'est cette conclusion qui résulte de la théorie de la Valeur et de la Distribution chez Wickteed. La loi de la valeur s'applique en effet à l'estimation des services producteurs, « salaires, rentes, intérêt, profits, etc., se résolvent dans de simples questions de marchés spéciaux »... (p. 6). A quelque phase qu'ils se placent les services économiques sont tous, en dernière analyse, « éprouvés, comparés et appréciés devant le trône impérial de la demande humaine » (2).

Pour apprécier le véritable rôle économique du coût de production, on doit se souvenir que le problème de la Distribution est analogue à celui de la Consommation, en ce qu'il implique la mise en balance et la substitution mutuelle, à la marge, de facteurs concourant à la production d'un résultat désiré et qui ne pourraient être substitués les uns aux autres à l'origine de leurs emplois respectifs.

La signification du coût de production d'une richesse ou d'un service se ramène à « l'importance marginale de quelqu'autre chose »(3) Jamais le coût n'a d'influence directe sur le prix d'un objet lorsque cet objet est déjà produit et le coût déjà exposé ; mais lorsque le coût de production n'a pas encore été exposé, le manufacturier estime les alternatives encore ouvertes devant lui avant de décider si la richesse dont l'existence est mise en cause, sera produite et en quelle quantité ; le courant de fabrication ainsi déterminé fixe la valeur marginale et le prix. Par suite, le coût de production ne peut affecter la valeur d'une chose que dans la mesure où il est lui-même la valeur d'une autre chose. Ainsi ce que l'on appelé dans des termes variés utilité, ophélimité ou désirabilité constitue en dernière analyse la seule force qui détermine toutes les valeurs d'échange » (3).

(1) v. liv. I, ch. VI, p. 212-65 ; liv. III ch. IV, p. 493-526.
(2) v. liv. I, ch. IX, p. 393.
(3) liv. I ch. IX, p. 382 ;
(4) liv. I ch. IX p. 391.

La théorie de la Distribution ainsi reliée à la théorie générale de la Valeur a pour caractéristique essentielle de faire apparaître le peu de fondement de la différence traditionnelle établie entre la rente du sol et les autres formes de revenu ; en réalité rente et salaire sont déterminés l'un et l'autre par l'efficacité marginale de l'agent de production (1).

L'isolement de la rente du sol, une conception inexacte du champ d'action respectif des principes d'**increasing** et de **diminishing return** constituent deux erreurs assez largement solidaires l'une de l'autre. Une fausse symétrie a été établie entre ces deux principes ; en réalité, la loi de **diminishing return** signifie que, si l'on double seulement l'importance de l'un des facteurs associés dans une production déterminée on ne doublera pas le produit entier, le produit sera selon les circonstances plus que doublé ou moins que doublé ; il s'agit là d'un axiome commun à tous les instruments de production (2). Quant à la loi d'**increasing return**, elle comprend tous les cas dans lesquels on peut économiser sur un ou plusieurs facteurs en augmentant l'échelle de la production (3).

Ce principe d'unité dans la théorie de la valeur et dans la fonction essentielle des richesses aura sa répercussion dans la dernière partie de l'ouvrage (4) (très peu développée relativement à l'ensemble), consacrée aux applications sociales des notions dégagées au cours de l'analyse économique poursuivie dans les deux premières parties. Ainsi, l'auteur oppose, entre autres objections, à la doctrine de la nationalisation du sol, l'impossibilité où l'on se trouve de tracer une ligne ferme de démarcation entre le don de la nature et l'œuvre de l'homme et de considérer comme soumises à des lois différentes la valeur du sol et celle des autres richesses (liv. III, ch. II, p. 687).

Les revenus doivent être distingués avant tout selon leurs rapports avec l'activité de leurs possesseurs, ceux dont la production n'a rien à avoir avec cette activité (**unearned incomes**), quelle que soit leur source extérieure, constituent, de l'avis de l'auteur, un fonds dont l'appropriation privée ne répond à aucune nécessité économique.

D'autre part les revenus même gagnés mais exceptionnellement élevés ont, en vertu du principe marginal, une signification, une force attractive qui diminuent à mesure que leur chiffre s'élève, et une part peut être prélevée sur eux sans décourager l'activité (5). Ces idées constituent l'application de vues déjà énoncées

(1) liv. II ch. VI p. 550-74.
(2) liv. II ch. V p. 529.
(3) v. loc. cit.
(4) liv. III p. 627-702.
(5) Conclusion, p. 696-702.

au sujet de la théorie marginale dont le principal intérêt est, d'après l'auteur, de souligner les avantages d'une distribution plus égale des richesses.

En même temps qu'une œuvre d'unification théorique, l'ouvrage **The common Sense of political Economy** apparait ainsi comme un essai de synthèse des préoccupations scientifiques et des préoccupations sociales qui ont inspiré l'ensemble de l'œuvre économique de Wicksteed.

IV. — Smart (William) (1)

A. — Introduction to the Theory of Value

(on the lines of Menger Wieser and Böhm-Bawerk) (Londres et New-York, Macmillan 1891 ; 82 p.)

Le but de cet ouvrage a été de donner un exposé critique des théories autrichiennes, envisagées dans leurs manifestations les plus importantes (2), rapprochées de la théorie de Jevons. Entre Jevons et l'école autrichienne il y a analogie dans les conclusions essentielles ; l'utilité finale de Jevons, la **grenznutzen** de Wieser

(1) William Smart, Professeur d'Economie politique à l'Université de Glascow a consacré une partie importante de son activité scientifique à répandre dans les pays de langue anglaise les idées de l'école psychologique autrichienne. En 1890, il a publié (Macmillan, éditeur) une traduction de l'ouvrage *Kapital und Kapitalzins* de Böhm-Bawerk (la première partie de cet ouvrage : *Geschichte und Kritk der Kapitalzinstheorien* avait paru en 1884, la seconde partie : *Positive Theorie des Kapitales* en 1889) — En 1891, se place l'*Introduction to the Theory of Value* qui sera spécialement étudiée. Dans le même ordre de travaux on peut citer la préface à la traduction anglaise de *Der Natürliche Werth* de Wieser (traduction de Malloch, Londres 1893, préface Smart, p. V-XXVI).

Son ouvrage *Distribution of Income* peut être considéré comme un essai de vérification de la théorie psychologique de la valeur (appliquée au prix des services) par une analyse concrète des faits de la vie industrielle.

(2) Les sources de cet ouvrage sont : Karl Menger : *Grundsätze der Volkwirtschaftslehre* (Vienne 1871, — exposé de la théorie psychologique de la valeur, contemporain de la 1re édition de *Theory of political Economy* de Jevons).

Wieser : *Ueber den Ursprung und die Hauptgesetze des wirtschaftlichen Werthes* (Vienne 1884) ; — *Der Natürliche Werth* (Vienne 1889).

Böhm-Bawerk : *Kapital und Kapitalzins (Geschichte und Kritik der Kapitalzinstheorien* (1884), *Positive Theorie des Kapitales*, 1889) v. bibliographie complète de l'école autrichienne dans Adolphe Landry : Ecole économique autrichienne (Rivista di Scienza 1907, vol. II, n° III et IV).

Si la pénétration des idées de l'école autrichienne a été dans une appréciable mesure l'œuvre de Smart, des rapports directs se sont établis aussi entre les économistes Autrichiens et les Revues économi-

(1) expriment un même résultat : la mesure de la valeur par le plus faible désir satisfait.

Mais deux différences importantes doivent être notées entre ces mouvements de pensée, convergents dans leurs résultats définitifs ; différence de méthode d'abord : Jevons, comme d'ailleurs Walras et la plupart des auteurs parvenus à la formule plus ou moins complète de l'utilité-limite, y a été conduit par l'application de la méthode mathématique, dont s'est au contraire abstenue l'économie autrichienne. Une autre différence se manifeste au sujet de la conception générale de la valeur ; tandis que Jevons considère le concept de valeur comme inutile et destiné à disparaître des spéculations économiques, l'école autrichienne s'est proposé de construire une véritable philosophie de la valeur. Au lieu de passer directement de l'utilité totale à l'utilité limite puis aux rapports d'échange, la théorie autrichienne voit dans la notion de valeur une synthèse nécessaire autour de laquelle se groupent les principes dont les théories de l'échange et de la distribution ne seront que des applications successives.

Par une série d'approximations successives, la notion de valeur, à travers l'école autrichienne se trouve dégagée, d'abord, dans son caractère psychologique : la valeur nait d'une relation entre un objet et un désir (2). Elle dépend entièrement de l'utilité (pourvu qu'on enlève à ce terme son ancienne signification objective et normative) (3). Elle réfléchit l'utilité, mais comme un miroir trop réduit pour contenir toute l'image (4). Elle signifie en définitive : importance, s'attache uniquement aux objets dont l'existence est indispensable à l'accomplissement de nos fins (5).

ques de langue anglaise, cette pénétration se trouve accusée, notamment, par les articles dont l'énumération suit : Wieser, *Theory of Value* (Annals of american Academy of Political and social Science 1892 p. 24-52 (réplique à l'article de Macvane : *Böhm-Bawerk on Value and Wages*, Q. J. O. E. t. V. 1890-91 p. 24-43) ; — Böhm-Bawerk : *The Austrian Economists* (Annals of the American Academy of Political and Social Science, Juin 1894 ; *Macvane's Political Economy* (Q. J. O. E. t. IV, 1889-90 p. 331) ; — *The positive Theory of Capital and its Critics* (Q. J. O. E. t. IX, 1894-95. p. 113-31, 235-56 — t. X, 1895-96 p. 121-55) ; — *The Origin of Interest* (Q. J. O. E. t. IX, 1894-5 p. 380-7) ; — *Capital and Interest once more : I Capital versus Capital-goods II A Relapse to the Productivity Theory* (Q. J. O. E. t. XXI, 1906-7, pp. 1-21 et 247-82) — *The Nature of Capital A Rejoinder* t. XXII 1907-8, 28-42.

(1) v. *Der Natürliche Werth*, liv. I. ch. V, p. 13. La loi de l'utilité marginale avait été formulée par Menger dans ses *Grundsätze* de 1871 mais sans qu'une dénomination spéciale fut donnée au concept d'utilité limite, désigné pour la première fois sous le terme de *Grenznutzen* par Wieser, dans son livre sur l'origine de la valeur de 1884 cité plus haut (p. 114).

(2) v. ch. I p. 2-9 ;
(3) v. ch. II.
(4) v. ch. III.
(5) v. ch. III p. 15-18.

C'est sur la base de ce principe qu'est établie la loi d'utilité marginale (ch. V p. 28-34) seul moyen de résoudre « l'ancien paradoxe de la valeur ». La valeur est donc fixée par le moindre usage économique, c'est dire que quand plusieurs emplois se disputent un même bien c'est la plus haute utilité marginale qui fixe la valeur (1). Si au lieu d'un bien unique on considère des biens complémentaires, c'est à dire destinés à rendre ensemble un service unique (exemple une paire de chevaux devant être attelés ensemble), dans la répartition de valeur qui doit s'effectuer entre ces divers biens, Böhm-Bawerk a considéré que l'on trouvait déjà impliqué le problème de la distribution (3).

Les évaluations du marché dans leur ensemble obéissent en effet à des lois qui ne sont que la projection de celles régissant la valeur subjective. Les échelles individuelles de valeurs se combinent dans l'échange, de manière à arriver à cette série d'évaluations transactionnelles, uniformes sur un même marché qui constituent les prix.

La théorie des prix a été étudiée, en détail, par Böhm-Bawerk (les autres représentants de l'école autrichienne ayant fixé de préférence leur attention sur la valeur subjective). La théorie des couples limites de Böhm-Bawerk est basée sur la recherche du plus grand avantage possible dans l'échange et sur le principe de concurrence. C'est sous l'action logique de ces deux forces que le prix d'un objet se fixe, selon la formule de Böhm-Bawerk, entre une limite supérieure déterminée par les estimations du dernier acheteur commerçant et du premier vendeur exclu et une limite inférieure constituée par l'évaluation du dernier vendeur commerçant et celle du premier acheteur exclu (3), ce sont ces deux groupes opposés qui constituent les couples limites (4) Smart constate que la théorie des couples limites peut ère considérée comme une réapparition une vivification de la loi de l'offre et de la demande, non parce qu'elle se serait directement inspirée d'elle mais parce que l'une et l'autre ont dû se conformer à un objet commun ; l'ensemble des transactions du marché à analyser et à expliquer (5).

(1) v. ch. V p. 28-34 et ch. VI p. 34-40.
(2) L'auteur signale à ce sujet la controverse, également applicable aux biens complémentaires et aux services producteurs, qui s'est élevée entre Menger et Wieser, Menger se rattachant à la théorie de la coopération, (valeur de chaque service mesurée en principe par la perte qui résulterait de sa privation), Wieser à la théorie de la contribution productive (valeur du service mesurée par la valeur effectivement ajoutée au produit final (v. Wieser *Natural Value*, traduction anglaise ch. IV VII p. 81-96).
(3) v. ch. X. p. 48-58.
(4) v. ch. X p. 56.
(5) v. ch. XI p. 58-63. L'auteur rapproche l'obligation commune qui incombe aux théories économiques de se trouver en concordance

Après avoir ainsi expliqué la valeur par l'utilité, la théorie autrichienne a entrepris, en quelque sorte, la contre épreuve de sa démonstration initiale en étudiant le rôle économique du coût (1). S'il est vrai que la valeur des biens produits librement et reproductibles à volonté tend à égaler leur coût de production, le coût, loin d'être un élément original parmi les forces qui déterminent la valeur, consiste simplement dans l'ensemble des biens et des services économiques consommés pour produire une richesse déterminée.

L'évaluation donnée à la richesse se répercute aux services producteurs, un bien de production n'est autre chose qu'un bien de consommation inachevé. La concordance qui existe normalement entre le prix d'un objet et la valeur des services qui en constituent le coût, vient non (comme l'avait paru croire et suggéré, par sa méthode d'exposition, l'économie classique) d'une pression exercée par le coût sur la valeur mais d'une adaptation préalable de l'évaluation des services producteurs à la loi marginale.

Le coût de production n'agit jamais directement sur la valeur, normalement son évaluation se modèle sur l'échelle établie des valeurs ; si quelque raison vient modifier les conditions de production d'un service, d'un agent économique quelconque, la modification survenue ainsi dans la rareté du facteur amène une révision dans l'ensemble des valeurs des richesses dont l'existence est plus ou moins solidaire de cet agent ; mais la révision s'établit sous l'action collective de toutes les forces physiques, psychiques mises en jeu par ce changement économique, le résultat final s'imprègne des réactions mutuelles de ces forces, il n'a rien d'un résultat unilatéral nécessaire, automatique. Ainsi, l'adaptation du coût à la valeur est un phénomène dérivé, limité à une partie du champ économique (celui qui est livré à l'action des agents de production qui ont eux-mêmes été produits et peuvent être reproduits); ce fait n'est d'ailleurs qu'une conséquence de la loi souveraine de l'utilité (2).

Parmi les conséquences qui résultent de la théorie autrichienne de la valeur, l'auteur note la correction nécessairement apportée à une erreur traditionnelle : celle du pouvoir attribué à l'employeur sur la fixation des salaires ; il est certain en effet que si les services sont évalués d'après leur produit, les salaires ne sont pas payés au moyen d'un prélèvement exercé sur un capital préexistant (comme le prétendait la théorie du fonds des salaires) mais dé-

avec les faits et les nécessités pratiques, de l'obligation que s'imposent les théories morales d'être en harmonie avec les faits, les besoins de leur époque et d'aboutir en général, à un même moment, à un même code pratique de morale.
(1) v. ch. XII-XIV p. 64-82.
(2) Conclusion p. 82.

9

pendent de la productivité même du travail. Cette idée sera développée dans l'ouvrage qui va être étudié.

B. — Distribution of Income

(traduction française par Georges Guéroult, avec une préface de Paul Leroy-Beaulieu, Paris, Giard et Brière, 1902 (XIII-358 p).

Cet ouvrage comprend deux parties l'une (p. 7-102) consacrée à l'analyse du revenu national, la seconde (p. 103-358) à la répartition proprement dite de ce revenu.

La première partie a surtout le caractère d'une introduction. On doit distinguer le revenu en numéraire, qui consiste en une série de redevances destinées à payer des services rendus pendant une période déterminée (1) et le revenu réel, constitué par l'ensemble des produits et des services achetés au moyen du revenu en numéraire (2). Le rapprochement des deux revenus fait apparaître l'ensemble de la société comme une coopération de services mutuels (3). Si le revenu en numéraire est un phénomène annuel, le revenu réel n'a cette forme que dans l'agriculture ; dans l'industrie il constitue au contraire normalement un courant continu (4).

La notion même de revenu « flux » suffit à dissiper la notion physiocratique du revenu-croît. Le revenu ne s'ajoute pas à un fonds de richesse supposé permanent (5). Les richesses se renouvellent constamment comme les hommes. Le fonds permanent : c'est la richesse et l'homme (6). Ces deux éléments se pénètrent d'ailleurs l'un l'autre. « Le revenu n'est donc pas une chose dérobée à la nature par un être qui lui est étranger, mais sa substance même, telle qu'elle passe pour un moment dans l'une de ses propres parties » (7).

Après avoir ainsi déterminé les deux formes du revenu, ses rapports avec la notion générale de richesse, l'auteur examine successivement le revenu réel dans un « état purement économique » et dans « l'état moderne ». Dans un état purement économique, (8)

(1) v. ch. I et II p. 7-15.
(2) v. ch. III p. 16-18.
(3) v. ch. IV et V p. 19-38 et spécialement p. 30.
(4) v. ch. VI p. 39-42.
(5) v. ch. VII p. 43-51.
(6) v. ch. VIII p. 52-8. L'auteur adopte sur ce point les vues de Fisher, rappelées p. 55 d'après les articles de l'Economic Journal (publiés en 1897-98) — développées plus complètement par la suite dans *The Nature of Capital and Income* (1906).
(7) v. ch. VIII p. 52-8.
(8) v. ch. IX p. 59-68

c'est à dire où toutes les activités seraient exclusivement consacrées
à la production des choses nécessaires à la vie et au travail, l'extension des activités, loin d'être bornée, aurait un champ varié, peu
différent en somme de celui qui leur est actuellement dévolu. Cette
hypothèse d un état économique, en même temps qu'elle permet de
discerner l'étendue réelle des relations de la vie économique avec
toutes les formes de l'activité humaine, met aussi en relief « le cy-
cle fermé de la richesse », « l'identité fondamentale du producteur
et du consommateur » (1).

Si l'on compare l'état moderne (2) à un état purement économique, il apparaît qu'il s'en distingue surtout par un changement
dans le caractère de l'approvisionnement, aménagé en vue d'une
« vie sociale émotionnelle et intellectuelle avec une base matérielle
plus exigeante et plus raffinée (3) ».

Ainsi la définition de Marshall : « l'économie politique est une
étude de l'homme dans les affaires ordinaires de la vie » doit être
acceptée en principe, mais son contenu se développe sans cesse.

Après avoir constaté que certains revenus réels (services gratuits
occupations agréables, etc) échappent à la fois à l'estimation et à la
description (4), l'auteur, dans un chapitre qui servira de transition
entre l'étude de la composition et celle de la répartition du revenu
national, explique comment l'efficacité du revenu en numéraire
est limitée par le revenu réel. Le numéraire n'est qu'un titre à une
part d'un ensemble déterminé de produits, ensemble qui ne peut
s'accroître par une simple modification des revenus en numéraire (5).

La deuxième partie de l'ouvrage commence par un exposé du
problème de la répartition. Le revenu réel de chacun de nous représente non un produit individualisé, mais une part dans un produit collectif. Le problème à résoudre consiste dans la recherche
du lien existant entre la création et la répartition du revenu ; certaines particularités sont de nature à suggérer « que la richesse se
répartit en même temps qu'elle se crée et revient à ceux qui la
créent à peu près dans la proportion où ils ont contribué à cette
création ». (6).

(1) v. ch. VIII pp. 52-8 et ch. IX pp. 59-68.
(2) v. ch. X p. 69-76.
(3) v. ch. X p. 72
(4) v. ch. XI p. 77-87.
(5) v. ch. XII p. 88-102 « S'il n'y a pas accroissement dans le revenu
réel, tout accroissement dans le revenu en numéraire n'est qu'un changement dans la répartition. Penser autrement c'est croire que la terre
rapporterait plus au cultivateur si l'année de 365 jours était partagée
en 13 mois » p. 102 cf. en ce qui concerne les limites d'efficacité du revenu en numéraire, par suite de la limitation même du revenu réel Taussig : Wages and Capital p. 47.
(6) v. 2e partie ch. I p. 120. Il y a concordance entre la formule rap-
portée plus haut et celle de Clark dans *Distribution of Wealth* (préfac

Les chapitres qui suivent sont consacrés à expliquer comment les rémunérations tendent à se modeler sur la valeur des services (la valeur étant prise, bien entendu, au sens psychologique, réaliste, comme expression commerciale de désirs humains appréciés au tribunal de l'offre et de la demande (1). L'auteur envisage d'abord la fonction et la rémunéraion propre de l'entrepreneur (2) : sa fonction originale consiste à créer à la fois l'offre et la demande, à assumer tous les risques de l'organisation (3).

Le double effort de l'employeur pour maintenir les prix élevés (4) et réduire les frais de production se trouve ensuite retracé. La réduction des frais s'obtient normalement par la substitution (5) qui a pour résultat, en diminuant le prix de revient, d'augmenter le revenu réel collectif. L'achat du travail à bon marché aurait au contraire pour résultat, si le prix s'abaissait par trop, de réduire le revenu réel en amoindrissant la productivité du travail (6). D'ailleurs l'effort individuel du patron dans cette voie se trouve arrêté par un contrôle collectif.

Le prix à partager entre les producteurs d'une industrie déterminée se fixe par un accord entre l'ensemble des employeurs de cette industrie et des consommateurs. Quant au partage du prix, il est réglé entre tous les ouvriers et tous les employeurs d'une industrie déterminée. D'ailleurs, deux faits dominent la répartition : l'état de concurrence entre les employeurs et de coalition entre les ouvriers (7). Au recours ouvert contre l'arbitraire d'un employeur auprès des autres employeurs de la même indusrie, s'ajoute, dans une mesure d'autant plus large que la main d'œuvre est plus mobile, un recours, contre les employeurs d'une industrie déterminée auprès d'un nombre plus ou moins grand d'autres industries (8). La mobilité du travail tend à augmenter (9), mais demeure intérieure à celle du capital. Au terme de cette analyse, l'auteur constate que les revenus ne sont pas arbitraires, qu'ils tendent à répondre à la valeur des services mais qu'une pression continuelle est

p. V) L'indication de Smart est seulement moins rigoureuse dans la forme que celle de Clark, il est vrai qu'il se place immédiatement en face de la réalité industriele, tandis que Clark envisage un état économiqu statique, toujours incomplètement réalisé.

(1) v. 2e partie ch. I p. 113.
(2) 2e partie ch. II p. 122-6.
(3) 2e partie ch. II 124-5. En rattachant la rémunération de l'entrepreneur aux risques de sa fonction Smart se rapproche de la théorie de Hawley (*Entreprise and Business Profit* 106-7).
(4) 2e partie ch. III p. 127-34.
(5) v. 2e partie ch. IV et V p 135-53.
(6) v. 2e partie ch. VI p. 154-61.
(7) v. 2e partie ch VII, VIII et IX p. 162-81.
(8) v 2e partie ch. X p. 182-92.
(9) v. 2e partie ch. XI p. 191.

exercée par et sur les employeurs en vue de la baisse des rémunérations des producteurs.

Se préoccupant alors des forces qui peuvent s'opposer à cette pression l'auteur constate que l'on ne peut compter sur la nécessité de la subsistance concept très vague, suranné ; l'entretien du travail implique un ensemble de conditions psychiques, sociales qui ne sont pas réductibles à un minimum physiologique(1).L'intérêt de subsistance est un concept encore plus vague que le salaire de subsistance(2). La sauvegarde de l'efficacité du travail ne saurait constituer d'avantage un frein à la baisse éventuelle du salaire (3).

Ayant ainsi écarté l'hypothèse du salaire de subsistance ou d'efficacité, l'auteur examine les résultats généraux du machinisme (4) au point de vue de la demande de travail (raréfaction immédiate dans la demande de travail, accroissement du revenu réel suscitant le relèvement ultérieur de la demande de main-d'œuvre et du salaire). En dernier ressort, la rémunération d'un facteur quelconque se trouve fixée par l'impossibilité où l'on se trouve de s'en passer. A ce point de vue, l'agent humain trouve, dans sa perfectibilité, dans le champ de ses aptitudes, la sauvegarde de sa valeur économique. L'accroissement des désirs de nature immatérielle (alors que les autres sont nécessairement limités) créc une perspective de demande de plus en plus large pour les services humains. La richesse croissante, qui a créé le malaise résultant des instabilités d'emploi de la main-d'œuvre, doit susciter le remède de ce mal profond mais passager.

Les six-chapitres suivants (5) sont consacrés à l'étude de l'action des **Trade-Unions**. Cette action a pour caractère propre de substituer aux contrats individuels un contrat de salaire collectif, tendant au maintien d'un taux de salaire fixe minimum. Le service le plus positif peut-être qui résulte de leur action consiste dans l'élimination de l'employeur qui serait tenté de payer des salaires peu élevés et des ouvriers qui n'arrivent pas à gagner le salaire normal de leur industrie.

L'auteur se demande enfin quelle est la fonction exacte de la rente, quelle est son influence sur le fonctionnement général du mécanisme de la distribution. La rente dépend en somme de deux faits : la demande nécessaire et la différence des offres. La rente est le paiement affecté à un facteur nécessaire et limité dans sa quantité, la rente du sol (6) n'étant, comme l'a dit Marshall, qu'une

(1) v. 2 partie ch. XIV p. 219.
(2) v 2ᵉ partie ch. XV et XVI p. 220-33.
(3) v. 2ᵉ partie ch. XVII et XVIIII p. 234-48.
(4) v. 2ᵉ partie ch. XIX p. 249-64.
(5) v. 2ᵉ partie ch. XX-XXV p. 264-319.
(6) v. 2 partie ch. XXVI p. 320-328.

espèce dans un genre très étendu. La rente ne peut être éliminée mais elle peut être détournée. Le revenu national est une somme de prix calculés à des marges où la rente n'existe pas, mais ces prix peuvent contenir et contiennent en général des rentes de tous genres.

Après une vue générale sur les revenus des professions libérales (1), l'auteur indique les conclusions de son travail : la répartition n'est pas arbitraire, elle tend à s'opérer conformément aux services rendus (2).

V. — Hobson (John A) (3)

The Economics of Distribution

(Londres et New-York Macmillan 1903) (4) (VII-361 p.)

Cet ouvrage, comme plusieurs de ceux déjà étudiés, contitue un essai de synthèse de la Distribution ; il a pour but essentiel de démontrer que l'évaluation de tous les services producteurs est soumise à la loi du marché ; mais au lieu d'insister comme d'autres auteurs, sur la tendance du prix à se modeler sur la productivité, Hobson essaye surtout de montrer que la fixation du prix s'établit en consacrant au profit de certains partenaires du marché des gains qui ne répondent à aucun service et qui pourraient être prélevés par l'Etat sans qu'aucune énergie utile s'en trouvât découragée. Préface p. VI).

Les trois premiers chapitres (p. 1-112) sont destinés à montrer

(1) v 2e partie ch. XXVII p. 329-43.
(2) v. 2e partie ch. XXVIII p. 344-55
(3) M Hobson né en 1858 à Derby, élève de l'Université d'Oxford (Lincoln College) où il a terminé ses études en 1880, a, entre cette dernière date et 1898, exercé diverses fonctions professorales (l'économie politique a été l'objet principal de son enseignement). Depuis 1898 il a quitté l'enseignement pour se consacrer plus spécialement au journalisme, collaborant à divers périodiques anglais et américains.
Ses principaux ouvrages sont : *The physiology of Industry* (1889); — *The Evolution of modern Capitalism* (1894 ; — *The social Problem* (1901); — *Imperialism* (1902) ; — *The Economics of Distribution* (1903) ; — *The Industrial System* (1909) — *Work and Wealth: A human Valuation* 1914
La plupart des ouvrages d'Hobson se trouvent consacrés à des problèmes d'action économique, à des questions sociales. Le seul ouvrage important qui ait été consacré à des questions de pure théorie économique est celui qui va être étudié d'une manière spéciale. Encore la théorie économique s'y trouve-t-elle constamment rapprochée des conséquences sociales que l'auteur lui attribue.
(4) Une partie du contenu de cet ouvrage avait fait l'objet de leçons à l'école des sciences économiques et politiques de Londres en 1897 et d'articles dans le Quarterly Journal of Economics v. notamment : *The Law of the three Rents* t. V 1890-91 p. 263-88.

sous son véritable jour le mécanisme de la formation des valeurs La théorie des couples-limites de Böhm-Bawerk — précisée, rectifiée dans certaines de ses formules, notamment par la substitution aux couples-limites des individus-limites : premier acheteur (limite inférieure) et premier vendeur (limite supérieure) exclus du marché (1), — constitue une première confirmation des vues générales d'Hobson : la concurrence ne fixe pas un prix, elle donne seulement une approximation de ce prix ; le prix est fixé par la puissance supérieure de marchandage de l'un des contractants (2).

S'il est vrai que l'échange donne toujours un gain, ce gain est très inégalement réparti et sa répartition dépend de l'habileté ou de la force supérieure d'un négociateur final, de l'action plus ou moins complète de la concurrence pour limiter ce pouvoir exceptionnel, et enfin de la différence qui existe entre le prix réservé de chaque acheteur ou vendeur et le prix actuel. Plus le marché s'élargit, plus s'atténue l'importance de cette double série de gains (gains forcés s'expliquant par la pression exercée sur la fixation du prix au profit d'un négociateur plus fort ou plus habile, — gain différentiel s'expliquant par des inégalités entre le prix et les évaluations individuelles) (3).

Avant de passer de l'analyse du prix du marché à l'étude du prix normal, Hobson s'occupe spécialement des gains différentiels, ou rentes (4).

La rente du consommateur est réduite à des proportions extrêmement modestes : portion du revenu économisée (pendant une période déterminée) ou dépensée pendant cette même période à acquérir des objets autres que ceux nécessaires à la vie (5). De même, la rente du producteur, ou profit net, sera égale à la différence existant entre un profit déterminé et le profit minimum nécessaire pour décider un entrepreneur à continuer l'exercice de son industrie, c'est à dire le profit réalisé par le concurrent le moins favorisé (la comparaison devant porter sur l'ensemble de l'affaire pendant une période déterminée) (6). On peut donc définir la rente : économie réalisée sur la dépense marginale du producteur ou du consommateur.

L'étude du prix normal (7), c'est-à-dire du prix envisagé à travers une longue période (et qui n'est d'ailleurs qu'une moyenne des

---

(1) ch. I The determination of a market price p. 18.
(2) op. c t. p. 19.
(3) ch. I, p. 34.
(4) v. ch. II, p. 41-54.
(5) v. ch. II, p. 49.
(6) v. ch. II, p. 51.
(7) v. ch. III, p. 55-112.

prix du marché successifs pendant cette période) nécessite une conception dynamique de l'offre et de la demande, l'une et l'autre doivent être considérées comme des courants et non comme des quantités fixes (1). Toute modification dans l'un ou l'autre courant altère le prix.

Hobson est ainsi amené à faire la critique des diverses théories de la valeur : théorie commerciale de Ricardo considérant la production des richesses comme la fin poursuivie par l'activité économique, construisant une théorie de la valeur sans tenir compte de l'utilité, théorie de Jevons et de ses disciples anglais, des écoles autrichienne et américaine, négligeant le coût pour s'attacher uniquement à l'utilité (2) ; l'une et l'autre se rattachent, au fonds, à une même conception matérielle, scolastique, chacune réservant à l'élément qui a été l'objet de son attention spéciale le caractère de cause, attribuant à l'autre le caractère de simple condition (3). Il était réservé au professeur Marshall de mettre en relief l'interdépendance du coût et de l'utilité, principe d'unité dans la théorie de la valeur (4). S'il est exact que l'utilité constitue la cause finale de la valeur, elle ne saurait être considérée comme sa seule cause efficiente (5). Lorsque l'on demeure donc dans le domaine de la détermination positive de la valeur on doit tenir compte des deux catégories de causes efficientes : l'utilité finale et le coût final (6).

Il y aurait d'ailleurs intérêt à substituer au terme valeur celui d' « importance économique » (considéré par Menger et l'école autrichienne comme équivalent) (7).

En même temps que Jevons édifiait sa théorie erronnée de la valeur sans coût, il donnait dans son chapitre sur le travail, le principe sur la base duquel cette théorie doit être reconstituée. Les deux vérités qui s'y trouvent dégagées sont : l'importance égale, l'interaction organique et continue du coût final et de l'utilité finale et la nature essentiellement subjective du problème de l'échange (8).

L'utilité et le coût marginaux tendent à se rapprocher l'un de l'autre lorsque l'offre et la demande du marché sont divisibles. Si les divers individus qui assurent respectivement l'offre et la demande collectifs jouissent des mêmes avantages de production, sont soumis à des désirs d'une pression égale il n'y a pas de gain diffé-

(1) ch. III p. 59-61.
(2) ch. III p. 65-66.
(3) ch. III p. 67.
(4) ch. III p. 68-70.
(5) ch. III pp. 75-76. 104-12.
(6) ch. III p. 78-79 v. dans le même sens ch. III p. 112.
(7) v. ch. III p. 79
(8) v. ch. III p. 90-91.

rentiel, mais, dans le prix normal comme dans le prix du marché ces circonstances ne se réalisent pas d'une façon complète et le gain forcé (d'autant plus réduit que le marché est plus large et plus libre) se manifeste toujours, de même que les inégalités de ressources entre les divers partenaires donnent lieu à des gains différentiels (1).

Dans le chapitre IV (2) l'auteur se propose de démontrer que le prix des services des agents de production est soumis à la même loi que le prix des objets de consommation (3). Si l'assimilation a en général été admise pour le capital et le travail, le sol a été considéré comme isolé des autres agents ; c'est contre cette doctrine séparatiste qu'Hobson se propose de réagir.

L'isolement des facteurs est une erreur, qui s'est spécialement manifestée dans les formules de démonstration qui s'attachent avant tout au dosage individuel des éléments économiques, la méthode des doses substitue à la coopération organique une combinaison simplement mécanique. La question qui se pose au cours de la production n'est pas de savoir si on appliquera une unité nouvelle de capital ou de travail à une œuvre productive déterminée mais quelle est la formule de proportion des divers facteurs qui donnera le plus aisément le produit le plus considérable (4).

La coordination des facteurs sous une même loi de la rente s'effectuera si tous les facteurs se trouvent envisagés au même point de vue : ainsi le capital devra être considéré non comme une valeur mais comme une série d'objets matériels (5). Tout facteur de production (sol ou capital) exige un fonds de conservation qui n'est ni rente, ni intérêt et à partir desquels la rente et l'intérêt se calculent (6). Le salaire minimum est aussi un simple fonds de conservation.

Après avoir ainsi mis en relief l'unité essentielle de condition économique des divers agents producteurs, il est nécessaire de ne pas perdre de vue leur unité d'action. La loi de substitution exige que, quand on mesure le prix on substitue à la marge de culture du sol une marge composite d'emploi du sol, du capital et du travail, cette marge constituant le point où l'on paie non pas nécessairement la rente, l'intérêt et le salaire minima, mais la moyenne totale la plus faible de ces trois rémunérations. Le prix d'offre sera composé de cette dépense marginale, les dépenses différentielles

(1) v. ch. III p. 97-98.
(2) Ch. IV p. 113-159.
(3) ch. IV p. 116-117.
(4) ch IV p. 148.
(5) ch IV, p. 152-3.
(6) ch. VI. p. 155-6.

au-dessus de cette limite composite n'entreront pas dans le prix (1). du marché.

Ces principes une fois posés, l'auteur examine en détail comment les lois qui règlent l'affectation productive du sol s'appliquent aux autres agents (2) ; examinant ensuite les résultats de cete coordination établie entre les facteurs, au point de vue de la théorie des prix et de la distribution, il constate que le prix de vente d'une unité de pouvoir producteur de sol, de travail ou de capital est déterminé par le contractant le plus fort du couple final, dans les limites circonscrites par la concurrence des acheteurs et des vendeurs (3).

L'unité de loi d'évaluation étant ainsi affirmée, quelques considérations relatives au prix du travail se trouvent présentées. Elles ont trait à la faiblesse du travailleur dans la négociation, faiblesse qui ne pourrait être contrebalancée que par une double garantie : assurance d'un salaire alternatif de pleine efficacité économique, pour sa famille et pour lui, — certitude que les conditions de travail qui lui sont faites ne compromettent pas l'efficacité économique de son travail futur (4).

La théorie de l'intérêt est étudiée dans le chapitre suivant (5). L'intérêt se trouve régi par la loi générale du prix ; l'abstinence (coût) et la productivité (utilité) concourent, à travers les négociations du couple final, à déterminer le taux du marché. La théorie de Böhm-Bawerk fait l'objet d'une discussion spéciale (6) ; Hobson lui reproche d'être dépendante d'une conception trop exclusivement subjective. La partie la plus réellement utile de l'œuvre de Böhm Bawerk est celle qui la rattache à la notion de productivité, (analyse du **roundabout process**) (7) ; c'est cette productivité objective accrue par l'allongement de la période de production qui constitue à la fois le mobile et la récompense de l'épargne.

En rejetant la théorie de Böhm-Bawerk, Hobson déclare ne pas revenir à une théorie de la productivité simple. La productivité n'est pas la cause efficiente de l'intérêt, mais la condition matérielle indispensable à son existence. Résumant ses conclusions sur ce point, l'auteur déclare :

1° Qu'en refusant d'admettre la nécessité d'attribuer une productivité objective au capital, Böhm-Bawerk ne prévoit aucun fonds pour le paiement de l'intérêt objectif.

2° Qu'il ne fournit pas d'explication du phénomène de la perpétuité de l'intérêt.

(1) ch. IV. p. 159.
(2) ch. V, p. 160-192.
(3) ch. VI, p. 214.
(4) ch. VII (p. 218-26 v. p. 224.
(5) ch. VIII, p. 227-65.
(6) ch. IX p 266-94.
(7) ch. IX p. 271-272.

3° Qu'il dénature la transaction en la représentant comme un échange entre biens présents et biens futurs, faisant ainsi dépendre le résultat de cette transaction d'un simple phénomène d'évaluation subjective.

4° Que la sous évalution des biens futurs, considérée comme la cause économique de l'intérêt, n'est en réalité qu'un coût du fonctionnement du capital et s'incorpore à l'un des groupes de forces qui déterminent la valeur et le prix de l'usage du capital (1).

Le dernier chapitre a pour but d'indiquer l'influence de la théorie du surplus de valeur sur la solution du problème théorique et pratique de la distribution des richesses (2). Etant donné que le gain de l'échange ne se répartit point et n'a même point de tendance à se répartir d'une manière égale, que la concurrence, loin d'être libre se trouve embarrassée par une série de monopoles, un excédent de valeur se constitue au profit du contractant le plus fort. L'auteur estime que l'Etat doit opposer à cette tendance économique naturelle un ensemble de mesures propres à établir entre les contractants une égalité effective ou de compenser l'inégalité résultant des gains forcés au moyen soit de l'impôt, soit de la substitution du monopole public aux monopoles privés.

Dans son ensemble, l'œuvre théorique d'Hobson a été sous certains rapports (comme l'œuvre de Marshall par exemple) un essai de fusion entre l'explication objective et l'explication psychologique de la valeur, l'une et l'autre lui paraissant insuffisante, inégale à l'étendue réelle de son objet.

D'autre part, Hobson a très utilement corrigé la théorie marginale non seulement sur des points particuliers (rectification de la théorie des couples limites) mais dans ses lignes essentielles, en réagissant contre l'influence trop directe conservée sur elle par la formule de la rente de Ricardo, en substituant à la conception morcelée des éléments et des moments celle de l'unité collective des groupes et des périodes. L'explication économique chez Hobson se dégage ainsi plus complètement du point de vue individualiste, atomiste ; aux marges d'emploi individuel des divers facteurs se substituent les notions beaucoup plus significatives de combinaison, d'action marginales ; de plus en plus, la diversité matérielle des éléments économiques apparaît comme dominée par l'unité organique de la production et l'unité psychologique de l'évaluation. C'est surtout par cet ensemble de vues qu'Hobson se rattache à l'économie psychologique et a contribué dans une mesure très appréciable à son développement.

(1) ch. IX, p. 293-4.
(2) ch. X, p. 295-361.

TABLE DES MATIÈRES

Vu

Montpellier, le 25 mars 1919

Le Doyen de la Faculté des Lettres,

J. VIANEY.

Vu et permis d'imprimer,

Le Recteur, Président du Conseil de l'Université,

Antoine BENOIST.